# 사도행전_3

ACTS 17 - 28

일러두기 ● 이 교재는 《다시 보는 사도행전》에서 채택한 본문으로 구성되었습니다.

● 이 책에서는 개역개정판 성경을 인용하였습니다.

● 성경을 인용할 때, 절의 전체를 인용할 경우에는 큰따옴표(" ")로,
절의 일부를 인용할 경우에는 작은따옴표(' ')로 표기하였으나
예수님이 직접 하신 말씀을 인용한 경우에는 때에 따라 큰따옴표로 표기하였습니다.

● 본문에 《 》로 표기된 것은 도서를, 〈 〉로 표기된 것은 작품을 가리킵니다.

**성경공부 시리즈 108**

# 사도행전_3

2020년 3월  6일 초판 1쇄 인쇄
2020년 3월 20일 초판 1쇄 발행


**지은이** 박영선
**기획** 강선, 서정걸, 안성희, 윤철규
**편집** 문선형, 정유진
**디자인** 조윤주
**마케팅** 강동현
**경영지원** 김내리
**펴낸이** 최태준
**펴낸곳** 무근검
**주소** 서울특별시 송파구 올림픽로4길 17, A동 301호
**홈페이지** www.facebook.com/lampbooks **전화** 02-420-3155 **팩스** 02-419-8997
**등록** 2014. 2. 21. 제2014-000020호
ISBN 979-11-87506-45-4  03230

무근검은 남포교회출판부의 새로운 이름입니다.
무근검은 '하나님의 영광은 무겁고 오래된 칼과 같다'라는 뜻입니다.

성경공부 시리즈 108

# 사도행전_3

ACTS 17-28

The Acts
of Apostles

박영선 지음

# 들어가는 말

이 책은 남포교회 구역 모임을 위해 준비한 교재입니다. 박영선 목사의 사도행전 강해 설교집인 《다시 보는 사도행전》을 저본으로, 신앙생활에서 잊지 말아야 할 가르침과 교회생활을 하며 함께 생각해 보아야 할 점들을 염두에 두고 열한 장을 가려 뽑았습니다. 사도행전을 더 깊이 공부하길 원하는 분은 위의 설교집을 읽으면 도움이 될 것입니다. 이 공부를 통해 신앙의 핵심을 되새기고 더욱 풍성한 교회생활을 누리기를 바랍니다.

# 차례

# 01

## 시작이 있고
## 끝이 있다

**22** 바울이 아레오바고 가운데 서서 말하되 아덴 사람들아 너희를 보니 범사에 종교심이 많도다 **23** 내가 두루 다니며 너희가 위하는 것들을 보다가 알지 못하는 신에게라고 새긴 단도 보았으니 그런즉 너희가 알지 못하고 위하는 그것을 내가 너희에게 알게 하리라 **24** 우주와 그 가운데 있는 만물을 지으신 하나님께서는 천지의 주재시니 손으로 지은 전에 계시지 아니하시고 **25** 또 무엇이 부족한 것처럼 사람의 손으로 섬김을 받으시는 것이 아니니 이는 만민에게 생명과 호흡과 만물을 친히 주시는 이심이라 **26** 인류의 모든 족속을 한 혈통으로 만드사 온 땅에 살게 하시고 그들의 연대를 정하시며 거주의 경계를 한정하셨으니 **27** 이는 사람으로 혹 하나님을 더듬어 찾아 발견하게 하려 하심이로되 그는 우리 각 사람에게서 멀리 계시지 아니하도다 **28** 우리가 그를 힘입어 살며 기동하며 존재하느니라 너희 시인 중 어떤 사람들의 말과 같이 우리가 그의 소생이라 하니 **29** 이와 같이 하나님의 소생이 되었은즉 하나님을 금이나 은이나 돌에다 사람의 기술과 고안으로 새긴 것들과 같이 여길 것이 아니니라 **30** 알지 못하던 시대에는 하나님이 간과하셨거니와 이제는 어디든지 사람에게 다 명하사 회개하라 하셨으니 ⋯ (행 17:22-34)

## 공전이 아니라 직선

바울이 아덴에서 한 설교는 '격분'과 '부활'이라는 두 단어로 표현해 볼 수 있습니다. 17장 16절을 보면, 아덴에 도착한 바울은 '그 성에 우상이 가득한 것을 보고 마음에 격분하여' 설교를 시작합니다. 32절에는 바울의 설교를 들은 청중의 반응이 기록되어 있습니다. "그들이 죽은 자의 부활을 듣고 어떤 사람은 조롱도 하고 어떤 사람은 이 일에 대하여 네 말을 다시 듣겠다 하니." 이 반응에서 볼 수 있듯, 설교의 주제는 '부활'입니다. 바울의 설교는 기독교를 변증하여 사람들을 이해시키는 데에 목적이 있지 않습니다. 이 설교는 예수를 믿지 않는 사람에 대하여 믿는 자가 가진 생각을 드러내고, 예수 믿는 사람과 믿지 않는 사람의 핵심적 차이가 어디에 있는지 지적합니다.

16절에서 보는 바울의 격분은 예수를 믿지 않고 우상을 섬기는 행동을 정죄하는 데서 비롯한 감정이 아닙니다. 그것은 하나님을 몰라 불안, 걱정, 무지에 속수무책인 그들의 모습을 보며 같은 인간으로서 갖게 된 분노입니다. 인간이 그렇게 살아서는 안 된다는, 같은 인간으로서 갖는 감정입니다.

그들의 불안과 두려움은 많은 신을 세워 섬기고, 심지어 '알지 못하는 신'까지 만들어 섬기는 모습에서 발견됩니다. 그만큼 삶이 불안하다는 이야기입니다.

하나님 없이 사는 인생이란 행운과 불운이 뒤섞인 혼합물과도 같습니다. 무엇이 어떻게 섞여 있는지조차 알 수 없는 혼돈의 연속입니다. 잘된 것 같은 일로도 낭패를 보고, 억울한 일로도 좋은 결과를 얻는 등 앞길을 예측할 수 없습니다. 그래서 허망하다는 말을 합니다. 잘돼도 허망하고 잘못되면 더 허망한 것이 인생입니다. 두렵고 두려워 결국 체념하게 됩니다. 죽으면 그만이라고 말은 쉽게 하지만, 바로 그 죽는 날까지가 문제입니다.

그래서 각종 신을 섬깁니다. 이사를 해도 혼인을 해도 개업을 해도 불안합니다. 그래서 '손 없는 날'을 따집니다. 그렇게 두려워 떠는 인생들을 보며, 하나님의 자녀라는 인간의 영광스러운 지위를 아는 바울이 격분합니다. 경멸하거나 대적해서가 아닙니다.

삶이 허망해서 미래를 말할 수 없다면, 노력이 무슨 소용이 있겠습니까. 정직이나 성실, 인내와 같은 덕목도 무의미할 것입니다. 동양 사상에는 이러한 허망함이 윤회로 표현되어 있습니다. 인생은 공전(空轉)하는 것이라고 합니다. 윤회사상에 따르면, 태어나 살다가 죽고, 죽으면 다시 태어나는 일을 반복하는데, 기껏 주어진 보상이라는 것이 '착하게 잘 살면 다음 생에 좋은 조건으로 태어난다는 것'입니다. 이런 설명 체계를 만들어 낸 것은 인생 자체에 연속성이 없다는 절망을 어떻게든 감수해야 했기 때문입니다. 자폭하지 않도록 만든 장치가 윤회설인 것입니다.

그러나 기독교는 다릅니다. 복음은 예수의 죽음과 부활로 인생과 역사에 직선적 지향점이 있다고 가르칩니다. 인생은 다만 공전하는 것이 아니라, 시작이 있고 끝이 있습니다. 우리가 만드는 것이 아닌, 우리를 만드신 분의 의지와 목적에 의해서 완성되는 인생의 결국이 있다는 것입니다.

> 우리는 그리스도 안에서 그의 은혜의 풍성함을 따라 그의 피로 말미암아 속량 곧 죄 사함을 받았느니라 이는 그가 모든 지혜와 총명을 우리에게 넘치게 하사 그 뜻의 비밀을 우리에게 알리신 것이요 그의 기뻐하심을 따라 그리스도 안에서 때가 찬 경륜을 위하여 예정하신 것이니 하늘에 있는 것이나 땅에 있는 것이 다 그리스도 안에서 통일되게 하려 하심이라 모든 일을 그의 뜻의 결정대로 일하시는 이의 계획을 따라 우리가 예정을 입어 그 안에서 기업이 되었으니 이는 우리가 그리스도 안에서 전부터 바라던 그의 영광의 찬송이 되게 하려 하심이라 (엡 1:7-12)

역사는 인격자이신 하나님에 의해 계획되고 진행되며 완성된다고 이야기합니다. '예수를 믿는다'는 말에는, 인격이 없고 의지가 없는 법칙에 우리는 지배되지 않는다는 뜻이 담겨 있습니다.

흔히들 '지성이면 감천이다', '심은 대로 거둔다' 같은 말을 인생의 법칙이라고 부르는데, 예수를 믿으면 이런 법칙이 인격자의 공의로우심과 성실하심을 드러내는 표현 중 하나에 불과하게 됩니다. 우리에게는 더 이상 그 법칙이 전부가 아닙니다. 그 법칙은 그것을 만드신 하나님, 곧 정의로울 뿐만 아니라 은혜와 용서가 넘치는, 자비로운 분이 다스리는 법칙 중 하나가 되는 것입니다. 그분은 당신이 가진 뜻을 이루기 위해 열심을 다하여 우리의 인생과 세계와 역사에 개입하십니다. 하나님은 역사를 주도하는 분입니다. 이를 분명하게 드러낸 사건이 바로 예수의 죽음과 부활입니다.

## 오늘은 내일이 결정

이것이 사실이라면 우리의 오늘은 달라집니다. 만일 우리 인생이 법칙의 지배만 받는다면, 우리의 오늘은 단지 내일을 준비하는 날에 불과하게 됩니다. 그러나 그리스도인들은 내일이 있기에 오늘을 살아갑니다. 내일에 의해서 오늘이 결정됩니다.

> 그런즉 너희는 먼저 그의 나라와 그의 의를 구하라 그리하면 이 모든 것을 너희에게 더하시리라 그러므로 내일 일을 위하여 염려하지 말라 내일 일은 내일이 염려할 것이요 한 날의 괴로움은 그 날로 족하니라 (마 6:33-34)

이 말씀 앞에는 먹을 것, 마실 것, 입을 것, 즉 생존의 문제 때문에 걱정하지 말라는 말씀이 나옵니다. 오늘 우리가 걱정하는 것들은 모두 내일을 살기 위하여 미리 확보해야 하는 것들입니다. 식량을 확보하고 지위를 확보하고 관계를 확보하려 합니다. 내일이 오늘에 달려 있다고 생각해서입니다.

그런데 오늘을 사는 것이 다만 내일을 확보하기 위해서라면, 힘을 더 가지려고 할 수밖에 없을 것입니다. 이런 삶의 방식을 성경은 다음과 같이 표현합니다. '돈을 사랑함이 일만 악의 뿌리가 되나니'(딤전 6:10). 왜 돈을 사랑할까요? 돈은 내일을 확보할 수 있는 수단이 되기 때문입니다. 이것이 내일을 확보하기 위하여 오늘을 사는 사람들의 삶의 방식입니다.

그런데 하나님은 예수를 통하여 약속하시길, 우리에게 필요한 것들을 하나님이 친히 채워 주겠다고 합니다. 즉 내일을 걱정할 필요가 없다는 것입니다. 오히려 하나님의 목적과 하나님이 장차 이루실 결말을 아는 자로 그 연장선에서 오늘을 살라고 말씀하십니다.

종말은 어떤 날입니까? 세상이 끝나는 날이 아니라, 하나님이 당신의 뜻을 완성하시는 날입니다. 그날에 죄가 권세를 쥐고 있는 이 체제를 하나님이 완전히 깨뜨리시고, 예수 안에서 우리에게 복음으로 약속하신 모든 뜻이 온전히 이루어지는 세상을 완성하실 것입니다. 우리는 우리의 끝이 무엇인지 압니다. 그 끝을 향하여 지금도 일이 진행됩니다. 그 위에서 우리의 오늘은 하나님이 목적하신 내일에 의해서 결정됩니다. 우리는 세상과 다른 존재입니다.

## 두려울 것이 없다

로마서 14장 7절 이하는 예수를 믿는 사람을 이렇게 묘사하고
있습니다.

> 우리 중에 누구든지 자기를 위하여 사는 자가 없고 자기를 위
> 하여 죽는 자도 없도다 우리가 살아도 주를 위하여 살고 죽어
> 도 주를 위하여 죽나니 그러므로 사나 죽으나 우리가 주의 것
> 이로다 (롬 14:7-8)

우리는 주의 것입니다. 하나님이 주 예수 안에서 성취하여 구체
적으로 나타내신 그분의 뜻 안에서 사는 자들입니다. 우리의 불
안과 공포는 어디에서 시작합니까? 인류 역사는 인간이 자신의
필요를 스스로 채울 수 없다는 사실을 계속해서 증언합니다. 결
정적으로, 인간은 자신이 만족할 만한 수준의 도덕과 가치에 스
스로 도달할 능력이 없습니다. 그래서 보람도 없습니다. 이것이
우리의 두려움입니다. 권력을 가져도, 이상을 가져도 해결되지
않습니다.

　무엇보다도 자기 자신이 못 미덥습니다. 책임지지 않는 자리
에서는 남을 비판하지만, 정작 자기에게 책임이 맡겨지면 능력
이 없기는 매한가지입니다. 이것이 역사의 증언입니다. 인생은
불안합니다. 신을 갖지 않을 수가 없습니다.

　자신을 믿을 수 없으니 정초에 점을 칩니다. 불안하니 출근하
기 전 신문에서 '오늘의 운세' 같은 것을 보고 나옵니다. 그러나

예수를 믿는 사람들은 두렵지 않습니다. 예수 안에서 증명된 것처럼, 죽음을 부활로 반전하시는 하나님의 은혜, 자비, 능력, 성실, 우리를 향한 그분의 진정성이 '예수님을 믿습니다'라는 고백에 들어 있습니다. 그러니 우리야말로 두려울 것이 없는 사람들입니다.

골로새서는 '탐심은 우상 숭배'(골 3:5)라고 지적합니다. 탐심은 자기 욕심을 채우는 것입니다. 우상이 필요한 것은 자기 욕심을 채우기 위해서입니다. 아덴에서 바울이 분노한 이유가 여기 있습니다. '너희는 욕심을 채우고 안심하는 것 외에는 바라는 것이 없다. 그러니 알지도 못하는 신을 만들기까지 했을 것이다. 그러나 그렇지 않다. 하나님이 계시다. 그분만이 주인이시다. 진정한 평화와 안심은 그분만이 주신다. 그래서 우리는 예수를 믿는다. 예수는 죽음을 부활로 바꾸시는 하나님의 은혜와 능력과 신실하심의 살아 있는 증거다.'

그러니 하루하루 살 때마다 자신이 누구인가를 인식하고 사십시오. 내일을 확보하기 위하여 오늘을 준비하는 것이 아니라 내일과 내일의 끝을 아는 자로서 오늘을 살아 내십시오. 고린도전서 15장에 이 내용이 멋지게 표현되어 있습니다.

보라 내가 너희에게 비밀을 말하노니 우리가 다 잠 잘 것이 아니요 마지막 나팔에 순식간에 홀연히 다 변화되리니 나팔 소리가 나매 죽은 자들이 썩지 아니할 것으로 다시 살아나고 우리도 변화되리라 이 썩을 것이 반드시 썩지 아니할 것을 입겠고 이 죽을 것이 죽지 아니함을 입으리로다 이 썩을 것이 썩지 아니함을 입고 이 죽을 것이 죽지 아니함을 입을 때에는 사망을 삼키고 이기리라고 기록된 말씀이 이루어지리라 사망아 너의 승리가 어디 있느냐 사망아 네가 쏘는 것이 어디 있느냐 사망이 쏘는 것은 죄요 죄의 권능은 율법이라 우리 주 예수 그리스도로 말미암아 우리에게 승리를 주시는 하나님께 감사하노니 그러므로 내 사랑하는 형제들아 견실하며 흔들리지 말고 항상 주의 일에 더욱 힘쓰는 자들이 되라 이는 너희 수고가 주 안에서 헛되지 않은 줄 앎이라 (고전 15:51-58)

우리는 다 부활할 것입니다. 예수님이 다시 오시는 날 다 일어날 것입니다. 이는 하나님이 우리에게 베푸시는 구원이며 약속이며 능력입니다.

## 질문하기

**1.**

아덴 사람들을 보고 북받친 바울의 격분에 대해 설명해 봅시다.

**2.**

성경은 역사에 대해 무엇이라고 이야기합니까?

**3.**

종말은 어떤 날입니까?

## 나누기

우리는 인생의 끝을 아는 자이기 때문에 세상 사람들과 다르다는 사실을 경험한 적이 있다면 함께 나누어 봅시다.

02

고난은
필수다

**30** 알지 못하던 시대에는 하나님이 간과하셨거니와 이제는 어디든지 사람에게 다 명하사 회개하라 하셨으니 **31** 이는 정하신 사람으로 하여금 천하를 공의로 심판할 날을 작정하시고 이에 그를 죽은 자 가운데서 다시 살리신 것으로 모든 사람에게 믿을 만한 증거를 주셨음이니라 하니라 (행 17:30–31)

## 기독교 세계관의 도전

이방인인 아덴 시민을 향한 설교를 보면 사도 바울은 세상이 가진 세계관에 도전하고 있음을 알 수 있습니다. 하나님을 알지 못하는 세상은 '자연주의'에 이르게 마련입니다. 이 세상은 반복되고 덧없습니다. 거기에는 희망이 없습니다. 허무합니다. 동양의 윤회사상에서 보듯이 다만 헛되이 반복될 뿐입니다.

이 자연주의 세계관에 기독교가 도전을 합니다. '그렇지 않다. 인생은 헛되이 공전하지 않고 끝이 있다. 세계에는 시작이 있고 완성이 있고, 출발이 있고 목적지가 있다.' 더 나아가 기독교는 우리 인생이 죽는 것으로 끝이 아니며, 예수 그리스도의 부활로 영원한 승리와 생명으로 들어가게 되었다고 가르칩니다. 공전이라는 반복되는 동그라미를 직선으로 펴 버린 것입니다.

이것이 기독교 세계관입니다. 그래서 기독교 복음을 만나면 자연주의는 도전을 받습니다. 인생은 무한히 돌고 도는 원이 아니라 완성이라는 목적지를 향해 가는 직선이기에, 단 한 번의 인생을 영원으로 묶어야 한다는 도전 앞에 서게 되는 것입니다.

기독교 세계관을 만나면 개인의 인생관이 수정될 수밖에 없습니다. 사람들은 우연과 필연이 알 수 없는 방식으로 혼합되어 있는 혼돈 속을 살면서, 그것을 제어할 수 없다는 무력감에 빠져 있습니다. 그러나 이제 창조주, 구원자, 심판자가 계시다는 사실과 각 개인이 그분의 목적과 의지와 성의 앞에 서 있다는 사실을 알게 됩니다. 따라서 각 개인은 자기 인생을 바로 이해하고 책임져야 합니다. 에베소서 1장에서 이 문제를 살펴보겠습니다.

> 우리는 그리스도 안에서 그의 은혜의 풍성함을 따라 그의 피로 말미암아 속량 곧 죄 사함을 받았느니라 이는 그가 모든 지혜와 총명을 우리에게 넘치게 하사 그 뜻의 비밀을 우리에게 알리신 것이요 그의 기뻐하심을 따라 그리스도 안에서 때가 찬 경륜을 위하여 예정하신 것이니 하늘에 있는 것이나 땅에 있는 것이 다 그리스도 안에서 통일되게 하려 하심이라 (엡 1:7-10)

세계와 역사가, 개인과 그 생애가 예수 그리스도 안에서 통일될 것입니다. 그러니 우리는 하나님의 뜻과 목적과 방법을 예수 그리스도 안에서 이해해야 하며, 우리 각 개인이 가지는 실존의 가치와 책임 역시 그리스도 안에서 이해해야 합니다. '그리스도 안에서'를 놓치면 우리는 올바른 세계관도 인생관도 가질 수 없고, 향방 없이 헤매며, 자기 몫이 무엇인지도 모르게 됩니다.

## 현실은 고난을 요구한다

우리는 복음주의 진영에 속해 있습니다. 복음주의는 예수의 대속 사역으로 얻은 구원을 강조하는 운동입니다. 그래서 구원의 확신과 죽어서 천국 가는 것을 강조합니다. 이러한 강조는 옳지만, 여기에만 머무르면 가난한 신앙이 됩니다. 복음으로 삶 전체를 조망할 수 있어야 합니다.

죽어서 천국 가는 것, 이 세상이 끝이 아니고, 고생하고 실패한 것으로 끝나지 않는다는 것은 큰 복음이지만, 지금 어떻게 살아야 하는가에 대해서는 답이 되지 못합니다. 죽어서 천국 가는 것만을 강조하는 신앙 체계에서 보면 오늘은 내세를 준비하는 날일 뿐입니다. 구원은 예수를 통해 받은 것이고, 남은 인생은 잘 참고 살든가 쓸모 있게 살든가 하는 것 외에는 다른 내용이 없는, 인생에 대해 대단히 소극적이고 제한된 이해밖에 주지 못합니다.

인생에 대해 이런 소극적 이해에 머물게 된 또 다른 이유는, 예수를 믿고 나서도 환경과 조건이 개선되지 않는 현실에 있습니다. 회개하고 전에는 몰랐던 신앙을 갖게 되고 새롭게 이해하고 헌신하고 변화되었는데도 보상이 없는 것입니다. 세상에서 하나님이 보호해 주시고 특별하게 대접해 주시면 더 거룩하게 살고 쓸모 있게 살겠는데, 현실에 붙들려서 아무것도 할 수 없다는 것이 우리 모두가 느끼는 바입니다. 그러니까 좋은 것은 다 내세로 밀어 놓을 수밖에 없는 것입니다.

그러나 뜻밖에도 성경은 현실을 강조합니다. 우리가 해결하지 못하고 쩔쩔매는 현실에 대하여 성경은 이렇게 이야기합니다.

> 그러므로 형제들아 내가 하나님의 모든 자비하심으로 너희를
> 권하노니 너희 몸을 하나님이 기뻐하시는 거룩한 산 제물로 드
> 리라 이는 너희가 드릴 영적 예배니라 (롬 12:1)

우리 몸을 '하나님이 기뻐하시는 거룩한 산 제물'로 드리라고 합
니다. 여기서 '산 제물'은 '삶'을 뜻합니다. 삶으로 드리라는 것입
니다. '정신으로 하지 마라. 관념으로 하지 마라. 소원으로 하지
마라. 이상으로 하지 마라. 몸으로 살아 내라.' 이런 이야기입니
다. 몸으로 살아 내야 할 우리의 현실은 고단합니다. 성경은 그
고단한 인생을 살아 내라고 합니다. 우리에게 어려운 인생을 살
게 될 것이라고 이미 경고했습니다.

> 자녀이면 또한 상속자 곧 하나님의 상속자요 그리스도와 함께
> 한 상속자니 우리가 그와 함께 영광을 받기 위하여 고난도 함
> 께 받아야 할 것이니라 (롬 8:17)

이렇게 예고되어 있습니다. 예수로 인한 구원, 예수로 말미암은
만물의 통일 속에는 예수의 죽음과 부활로 인한 반전, 승리, 영
광만 있지 않습니다. 거기에는 그 자리로 가기 위한 예수의 고난
과 그의 성육신이 들어 있습니다. 그런데 우리는 이 부분을 자꾸
잊어버립니다.

예수로 인해 죄인이 구원을 받는 반전, 즉 실패자가 승리를 얻

는 일이 전부가 아닙니다. 실패자로 살아 내는 현실, 죄인 된 몸으로 사는 현실이 우리에게 요구됩니다. 예수께서 부활로 역전을 이루시기 전, 그 앞에는 육체로 오신 예수의 고난이 있었습니다. 그 고난이 우리에게도 요구됩니다. 우리가 잘 받아들이지 못하는 부분입니다. 이에 대해 성경은 로마서 8장에서와 같이 빌립보서 1장에서도 이야기합니다.

> 오직 너희는 그리스도의 복음에 합당하게 생활하라 이는 내가 너희에게 가 보나 떠나 있으나 너희가 한마음으로 서서 한 뜻으로 복음의 신앙을 위하여 협력하는 것과 무슨 일에든지 대적하는 자들 때문에 두려워하지 아니하는 이 일을 듣고자 함이라 이것이 그들에게는 멸망의 증거요 너희에게는 구원의 증거니 이는 하나님께로부터 난 것이라 그리스도를 위하여 너희에게 은혜를 주신 것은 다만 그를 믿을 뿐 아니라 또한 그를 위하여 고난도 받게 하려 하심이라 너희에게도 그와 같은 싸움이 있으니 너희가 내 안에서 본 바요 이제도 내 안에서 듣는 바니라 (빌 1:27-30)

바울도 고난을 받습니다. 이 서신도 그가 옥중에서 쓴 것입니다. 그리스도인들은 그리스도를 믿을 뿐 아니라 그리스도의 고난에 동참해야 하고 그리스도를 위하여 고난을 감수해야 하는 자들입니다.

## 예수님이 받은 오해를 우리도 받으며

예전에 우리는 억울하게 고생하고 희생하는 것으로 자신의 진심과 각오를 비장하게 표현했지만, 고난을 감수하는 것 그 자체에 긍정적 의미가 있으리라고는 미처 생각하지 못했습니다. 그렇게 한국 교회는, 이 땅에서 믿음으로 살아야 하는, 현실에 대한 긍정적이고 적극적인 이해에는 취약했습니다. 요한복음 1장에 그리스도가 오신 일이 이렇게 기록되어 있습니다.

> 말씀이 육신이 되어 우리 가운데 거하시매 우리가 그의 영광을 보니 아버지의 독생자의 영광이요 은혜와 진리가 충만하더라
> (요 1:14)

'말씀이 육신이 되었다'는 것은 하나님의 의지와 약속과 능력이 인격 안에, 육체 안에 구체화되었다는 뜻입니다. 어떤 사람에 대한 객관적 정보를 가지고 있다고 해서 그 사람을 안다고 할 수는 없습니다. 정보 말고 성격이나 인품, 그 사람만의 독특한 표현이나 습관, 나와 맺은 관계에서의 태도와 같은 '실제의 그'를 알아야 그 사람을 안다고 할 수 있습니다. 인격 안에 구체화되었다는 것은 이런 앎이 가능하게 되었다는 뜻입니다.

'우리 가운데 거하시매'라는 것은 말씀으로 천지를 지으시고 뜻만 가지면 모든 것을 이루실 수 있는 분이, 우리가 만지고 보고 확인하고 이해할 수 있는 실체로 즉 우리와 동일한 조건을 입고 우리의 현실 가운데 오셔서 함께 삶을 사신다는 뜻입니다. 그

렇게 하여 당신의 영광을 드러내십니다. 그래서 그분을 보니 은혜와 진리가 충만하다고 증언합니다. 그러나 그 삶은, 그의 현실은 얼마나 고달팠습니까? 이사야서를 봅시다.

> 그는 실로 우리의 질고를 지고 우리의 슬픔을 당하였거늘 우리는 생각하기를 그는 징벌을 받아 하나님께 맞으며 고난을 당한다 하였노라 그가 찔림은 우리의 허물 때문이요 그가 상함은 우리의 죄악 때문이라 그가 징계를 받으므로 우리는 평화를 누리고 그가 채찍에 맞으므로 우리는 나음을 받았도다 우리는 다 양 같아서 그릇 행하여 각기 제 길로 갔거늘 여호와께서는 우리 모두의 죄악을 그에게 담당시키셨도다 (사 53:4-6)

성육신은 굉장한 것입니다. 우리는 그가 잘못해서 하나님에게 맞으며 고난을 당한 것으로 생각했다고 합니다. 일반 역사에서 예수는 좋게 말하면 앞서간 선지자이고, 나쁘게 말하면 정신병자입니다. 자신을 신이라고 오해한 자로 여겨졌던 것입니다. 우리도 예수가 받으셨던 오해를 받으며 살아갑니다. 예수를 믿고 기도하고 성실히 살아도 하나님이 우리 인생을 편하게 해 주지 않으십니다. 그래서 우리가 무엇인가 잘못하고 있다고 생각합니다. 그런데 그것이야말로 말씀이 육신이 되는 삶입니다. 하나님의 뜻과 권능을 실체화하는 삶입니다. 하나님은 우리를 이렇게 위대하고 경이로운 존재로 부르셨습니다.

## 질문하기

**1.**

이 세상이 가진 자연주의 세계관에 대해 기독교는 무엇이라고
도전합니까?

**2.**

죽어서 천국 가는 것만 강조하는 신앙 체계에서는 어떤 부분
에 대한 이해가 부족합니까?

**3.**

우리에게 요구되는 고난은 어떤 것입니까?


## 나누기

지금 내가 잘 감당해야 할 고난은 무엇인지 나누고 함께 기도합
시다.

# 03

## 하나님의 방식을
## 따라간다

**21** 이 일이 있은 후에 바울이 마게도냐와 아가야를 거쳐 예루살렘에 가기로 작정하여 이르되 내가 거기 갔다가 후에 로마도 보아야 하리라 하고 **22** 자기를 돕는 사람 중에서 디모데와 에라스도 두 사람을 마게도냐로 보내고 자기는 아시아에 얼마 동안 더 있으니라 (행 19:21-22)

## 본문은 예수님

바울은 로마까지 가겠다고 이야기합니다. 그는 조직을 만들거나 지지자들을 모으지도 않고 군사적 준비나 정치적 준비를 하지도 않습니다. 한심해 보일 정도로 아무런 준비가 없습니다. 그동안 바울은 전도 여행을 하면서 늘 어려움을 당해 왔습니다. 잡히기도 하고 돌에 맞기도 하고 소란이 일어날 때마다 피해를 입었는데, 그 모습으로 당시 세계의 심장인 로마에까지 뛰어들겠다는 것입니다.

바울의 말을 어떻게 이해해야 할까요? 남다른 각오라든가 하나님의 은혜 때문이라고 막연하게 얼버무리지 말고, 사도행전을 통해 하나님이 우리에게 가르치시는 바가 무엇인지 살펴볼 필요가 있습니다.

누가복음 4장에 가면, 예수께서 공생애를 시작하실 때 광야에 가서 금식하신 다음 마귀에게 시험받는 장면이 나옵니다.

> 마귀가 또 예수를 이끌고 올라가서 순식간에 천하 만국을 보이며 이르되 이 모든 권위와 그 영광을 내가 네게 주리라 이것은 내게 넘겨 준 것이므로 내가 원하는 자에게 주노라 그러므로 네가 만일 내게 절하면 다 네 것이 되리라 예수께서 대답하여 이르시되 기록된 바 주 너의 하나님께 경배하고 다만 그를 섬기라 하였느니라 (눅 4:5-8)

예수께서 마귀에게 시험을 받는다는 것은 사실 있을 수 없는 일입니다. 마귀는 피조물이고 예수님은 창조주이신 성자 하나님입니다. 그런데 예수께서 이 땅에 오셨을 때, 이 땅은 죄가 세력을 잡은 상태에 있었고 그 배후에는 마귀가 있었습니다. 마귀가 세상 권력을 가진 그런 정황 속에, 그런 체제와 조건 속에 예수님은 미약해 보이는 한 인물로 들어오십니다. 우리를 구원하시려고 말입니다.

정황은 영어로 콘텍스트(context)입니다. 보통 문맥이라고 이해하는 단어입니다. 앞뒤 이야기와 연결하여 본문을 이해해야 한다고 말할 때에 콘텍스트라는 말을 씁니다. 한편, 내용이 담긴 본문을 영어로 텍스트(text)라고 합니다. 이 장면에서 사탄은 자기에게 절하라고 함으로써 자기가 정황을 쥐고 있고 그래서 자기가 본문이라고 주장하는 것입니다.

## 정황은 필수적이다

지금 내가 나를 보내신 이에게로 가는데 너희 중에서 나더러 어디로 가는지 묻는 자가 없고 도리어 내가 이 말을 하므로 너희 마음에 근심이 가득하였도다 그러나 내가 너희에게 실상을 말하노니 내가 떠나가는 것이 너희에게 유익이라 내가 떠나가지 아니하면 보혜사가 너희에게로 오시지 아니할 것이요 가면 내가 그를 너희에게로 보내리니 그가 와서 죄에 대하여, 의에 대하여, 심판에 대하여 세상을 책망하시리라 죄에 대하여라 함은 그들이 나를 믿지 아니함이요 의에 대하여라 함은 내가 아버지께로 가니 너희가 다시 나를 보지 못함이요 심판에 대하여라 함은 이 세상 임금이 심판을 받았음이라 (요 16:5-11)

죄란 무엇입니까? 예수님이 본문인데, 정황을 본문이라고 믿는 것입니다. 연극을 하려면 무대가 있어야 합니다. 무대가 있어야 거기서 내용 즉 본문을 전달합니다. 무대를 본문이라고 믿는 것이 죄입니다.

테니스 시합을 하기 전에 먼저 선을 그어 놓습니다. 네트를 가운데 걸고 선을 긋습니다. 선을 긋는 것은 테니스 경기를 위해서 필요한 일이지만, 선을 긋는 일 자체가 테니스 경기는 아닙니다. 공이 선 밖에 나가면 실점하고, 선 안에 들어오면 득점합니다. 그렇다고 선이 테니스를 치는 것은 아닙니다. 선수가 선을 밟으면 죽는 것도 아니고, 공이 선 밖으로 나간다고 하여 터지는 것도 아닙니다. 선수들이 테니스를 치는 것이 본문이지, 네트나 선은 본문이 아닙니다.

　본문과 정황을 혼동하는 문제에 대해 예수께서 이렇게 말씀하십니다. "의에 대하여라 함은 내가 아버지께로 가니 너희가 다시 나를 보지 못함이요"(요 16:10). 세상이 예수를 죽였습니다. 그래서 세상에 예수가 안 계십니다. 예수는 부활 승천하셨지만, 세상의 관점에서는 예수를 쫓아낸 것입니다. 그래서 세상에는 의가 없습니다.

　"심판에 대하여라 함은 이 세상 임금이 심판을 받았음이라"(요 16:11). 세상의 권력은 아무리 많은 힘을 가지더라도 궁극적으로 사망 이외의 결과를 내지 못합니다. 세상은 예수님도 죽였습니다. 그러나 죽음으로 끝이 아니었습니다. 궁극적 권력은 사망이 아니라 부활이었던 것입니다.

　이것이 기독교입니다. 예수님만이 진정한 본문입니다. 죄가 무엇이며, 의가 무엇이고, 심판이 무엇인지가 예수님 안에서 분명히 드러납니다. 예수님을 믿는다는 것은 본문을 알게 된 것입니다. 예수님을 통하여 나타난 하나님과 그의 뜻, 그의 은총, 그의 자녀로의 부르심 등이 본문입니다.

　세상은 끊임없이 우리를 정황으로 압박하고 위협합니다. 그래서 정황을 바꾸면 모든 문제가 해결될 것이라고 부추깁니다. 이것이 시험입니다. 정황을 바꾸려고 하는 것, 예수 믿는 삶이 순탄하기만을 바라는 것, 세상이 원하는 것을 기도하여 얻을 수 있다고 생각하는 것은 본문이 무엇인지 모르는 것입니다. 이에 대한 예수님의 놀라운 가르침이 누가복음 20장에 나옵니다.

서기관들과 대제사장들이 예수의 이 비유는 자기들을 가리켜 말씀하심인 줄 알고 즉시 잡고자 하되 백성을 두려워하더라 이에 그들이 엿보다가 예수를 총독의 다스림과 권세 아래에 넘기려 하여 정탐들을 보내어 그들로 스스로 의인인 체하며 예수의 말을 책잡게 하니 그들이 물어 이르되 선생님이여 우리가 아노니 당신은 바로 말씀하시고 가르치시며 사람을 외모로 취하지 아니하시고 오직 진리로써 하나님의 도를 가르치시나이다 우리가 가이사에게 세를 바치는 것이 옳으니이까 옳지 않으니이까 하니 예수께서 그 간계를 아시고 이르시되 데나리온 하나를 내게 보이라 누구의 형상과 글이 여기 있느냐 대답하되 가이사의 것이니이다 이르시되 그런즉 가이사의 것은 가이사에게, 하나님의 것은 하나님께 바치라 하시니 그들이 백성 앞에서 그의 말을 능히 책잡지 못하고 그의 대답을 놀랍게 여겨 침묵하니라

(눅 20:19-26)

정황을 깨고 본문 일색으로 만들면 해결된다고 생각하거나, 혹은 정황이 전부이니 그것이 본문이라고 생각해서는 안 된다고 합니다. 정황이 있어야 본문이 구체화되고 하나의 실체가 됩니다.

우리는 본문과 정황 사이에 있는 긴장이 싫습니다. 갈등과 대립 속에 살아가야 하는 현실을 견디기 어렵습니다. 본문과 정황 사이의 거리가 멀수록 긴장도도 올라가 견디기 버거워합니다. 그러나 성경은 그런 식으로 본문과 정황을 바라보지 않습니다. 오히려 성경은 본문과 정황의 거리를 긍정적으로 이야기합니다.

## 인생은 확인하는 시간

예수께서 말씀하시기를, 성령께서 오시면 죄에 대하여, 의에 대하여, 심판에 대하여 세상을 책망한다고 하셨습니다. 그러니 우리는 살아가면 됩니다. 세상은 무섭게 굴고, 자기가 답을 줄 수 있을 것같이 우리를 위협하여 몰고 갑니다. 그러나 우리는 살면서 세상이 아무런 답을 주지 못한다는 사실을 거듭 깨닫습니다. 세상은 우리에게 줄 것이 없습니다. 다른 사람도 죽이고 우리도 죽으라고 합니다. 세상이 말하는 거짓입니다.

우리 인생은 그 거짓을 확인해야 하는 시간입니다. 그러나 소극적 확인에만 그쳐서는 안 됩니다. 그 확인과 함께 우리 인생 가운데 하나님이 주신 약속을 바라보아야 합니다. 하나님의 성의와 무한한 사랑과 복 주시겠다는 약속이 이 정황 가운데 이루어집니다. 우리가 돌아다닌 모든 지경, 우리가 살면서 만난 모든 정황, 경험한 모든 세월, 그 크기와 깊이와 넓이가 헛되지 않습니다. 지나고 보면 그것은 단지 방황이 아니었던 것입니다.

우리는 우리가 겪는 일을 고통이나 자존심을 기준으로만 생각합니다. 하지만, 우리 인생에 채워질 내용은 그것보다 훨씬 더 큽니다. 그러니 신앙을 자기가 원하는 식으로 만들지 말고, 하나님이 원하시는 대로 하나님이 일하시는 방식대로 따라가십시오. 물론 힘들고 고통스러울 것입니다. 막막할 것입니다. 너무 커서 다 안 보일 것입니다. 그러니 믿음을 가지십시오.

예수 그리스도의 십자가는 이 모든 일에 분명한 증거가 됩니다. 그의 죽으심이 사실인 것처럼, 그가 채찍에 맞고 능욕을 당하신 것이 사실인 것처럼, 그의 부활이 사실이며 그가 우리 삶의 현실에 동행하시는 것도 사실입니다. 이 사실 없이는 세상이라는 정황에서 질 수밖에 없습니다.

궁극적으로 세상에서 누가 주인공입니까? 예수 믿는 사람이 주인공입니다. 결국 우리가 이깁니다. 복수해서 간신히 이기는 것이 아니라 너끈히 이깁니다. 우리가 기대하지 못했던, 상상하지 못했던 자리로 인도함을 받습니다. 세계와 역사는 무대이고 우리가 주인공입니다. 이 사실을 알고 사십시오. 그래서 바울은 자기가 로마까지 간다고 할 수 있었습니다. 정신 나간 소리로 들리기도 합니다. 그는 아무런 준비가 없었습니다. 그러나 결국 갑니다. 그리고 그가 가지고 간 복음이 오늘 우리에게까지 왔습니다. 하나님이 주인이시기 때문입니다. 그러니 각자의 인생을 귀하게 여기고 살아 그 기적을 확인하십시오.

## 질문하기

**1.**

사탄은 예수님더러 자기에게 절하라고 함으로써 어떤 주장을 하는 것입니까?

---

**2.**

죄란 무엇입니까?

---

**3.**

정황을 바꾸면 모든 문제가 해결될 것이라고 부추기는 것을 무엇이라고 합니까?

---

## 나누기

바울이 아무런 준비도 하지 못한 채 로마에 보내진 것처럼, 본문을 구체화할 정황으로 하나님이 우리를 보내신 각자의 로마는 어디입니까?

# 하나님이
# 시련을 주신다

… **22** 보라 이제 나는 성령에 매여 예루살렘으로 가는데 거기서 무슨 일을 당할는지 알지 못하노라 **23** 오직 성령이 각 성에서 내게 증언하여 결박과 환난이 나를 기다린다 하시나 **24** 내가 달려갈 길과 주 예수께 받은 사명 곧 하나님의 은혜의 복음을 증언하는 일을 마치려 함에는 나의 생명조차 조금도 귀한 것으로 여기지 아니하노라 **25** 보라 내가 여러분 중에 왕래하며 하나님의 나라를 전파하였으나 이제는 여러분이 다 내 얼굴을 다시 보지 못할 줄 아노라 … **31** 그러므로 여러분이 일깨어 내가 삼 년이나 밤낮 쉬지 않고 눈물로 각 사람을 훈계하던 것을 기억하라 **32** 지금 내가 여러분을 주와 및 그 은혜의 말씀에 부탁하노니 그 말씀이 여러분을 능히 든든히 세우사 거룩하게 하심을 입은 모든 자 가운데 기업이 있게 하시리라 … (행 20:17-38)

### 알면서도 가는 길

에베소에서 삼 년간 힘을 다해 복음을 전하고 가르친 바울은 로마에 가기로 결심하고 그보다 앞서 예루살렘에 가고자 합니다. 예루살렘은 기독교 복음의 근거지로 사도들이 모여 있는 곳입니다. 거기서 바울은 자신이 지금까지 해 온 사역과 하나님의 일하심을 보고한 뒤에 그 다음 행보를 옮기려고 하는 것입니다. 바울은 그 길에 나서면서 이렇게 말합니다.

> 보라 이제 나는 성령에 매여 예루살렘으로 가는데 거기서 무슨 일을 당하는지 알지 못하노라 오직 성령이 각 성에서 내게 증언하여 결박과 환난이 나를 기다린다 하시나 (행 20:22-23)

이어서 더 봅시다.

내가 떠난 후에 사나운 이리가 여러분에게 들어와서 그 양 떼를 아끼지 아니하며 또한 여러분 중에서도 제자들을 끌어 자기를 따르게 하려고 어그러진 말을 하는 사람들이 일어날 줄을 내가 아노라 (행 20:29-30)

바울은 앞으로 자신에게 환난이 닥칠 것을 알고 있습니다. 그런데도 그간 해 온 모든 것을 내려놓고 길을 떠납니다. 본문에서 주의 깊게 보아야 할 것은, 바울의 비장한 각오나 지극한 신앙이 아니라 그가 처한 현실입니다. 아직 어린 에베소 교회를 두고 떠나면 교회에 어려운 일이 생길 것입니다. 또 바울 자신이 가는 길에도 무슨 일이 닥칠지 알 수 없습니다. 그런데도 그는 갑니다.

에베소 교회는 연약합니다. 그런데도 바울은 이야기합니다. "교회에 어려운 일이 당연히 벌어질 것이다. 내가 가는 길도 어려울 것이다. 그러나 성령께서 가라고 명하신다." 좋은 신앙을 갖고서 주의 일을 하는데도 하나님이 그를 좋은 조건으로 인도하지 않습니다. 하나님의 뜻을 따르기만 하면 편한 길, 좋은 길로 인도될 것이라는 기대를 버려야 합니다.

교회와 신자는 세상과 구별된 존재지만, 세상 속에 던져졌다는 사실을 잊지 않아야 합니다. 주님이 다시 오실 때까지 우리가 잘 싸여 감춰져 있는 것이 아닙니다. 우리는 부름받은 현실, 그 정황에서 주님이 부르시는 날까지 신앙생활을 해야 합니다. 이 사실을 꼭 기억하십시오.

## 정황의 반전은 없다

로마서 12장 1절입니다.

> 그러므로 형제들아 내가 하나님의 모든 자비하심으로 너희를
> 권하노니 너희 몸을 하나님이 기뻐하시는 거룩한 산 제물로 드
> 리라 이는 너희가 드릴 영적 예배니라 (롬 12:1)

여기서 '산 제물'은 '살아 있는 제물'이 아니고 '살아가는 제물'입
니다. 죽었나 살았나가 중요한 것이 아니라, 삶으로 드린다는 점
이 핵심입니다. 삶이란 무엇일까요? 삶이란 특별한 신앙적 임무
를 수행하는 과업이 아니라, 인생에 요구된 실존을 살아 내는 길
입니다. 모든 것을 다 겪어 내며 지지고 볶는 것, 주어진 정황에
서 책임을 다하는 것을 말합니다. 누구의 남편으로, 아내로, 자
식으로, 부모로, 이웃으로, 한 나라의 시민으로 주어진 정황 속
에서 책임을 갖고 사는 것입니다.

앞 장에서 말한 대로 콘텍스트 속에서 텍스트를 증언해야 합
니다. 우리의 정황 속에서 기독교 신앙이 가진 본문을 구체적으
로 구현해야 합니다. 말로 때울 수 없고 고함을 질러 넘어갈 수
없습니다. 이상을 갖거나 소원을 품는 것으로 넘어갈 수 없습니
다. 동일한 정황과 동일한 짐을 지는 현실 속에서 우리가 가진
기독교 신앙이라는 내용으로 한 인생을 살아가며, 그 속에서 세
상의 도전에 어떻게 답하는가를 보이는 것이 기독교 신앙의 실
천입니다. 그렇게 우리의 본문은 채워집니다.

삶이 던지는 도전, 위협, 시험, 한계 속에서 우리가 가진 것으로 그 모든 것을 극복하고 답하고 살아 내지 못하면 우리는 현실을 피해 도망간 자가 됩니다. 바울이 미약한 에베소 교회를 두고 자기를 부르신 길로 뛰어든 것처럼 교회와 신자도 그렇게 행동해야 합니다. 그 시대에 요구되는 모든 도전 앞에 서 있다는 사실을 잊어서도, 거기에서 도망가거나 타협해서도 안 됩니다.

> 너희는 이 세대를 본받지 말고 오직 마음을 새롭게 함으로 변화를 받아 하나님의 선하시고 기뻐하시고 온전하신 뜻이 무엇인지 분별하도록 하라 (롬 12:2)

하나님이 예수 믿는 우리를 비밀스러운 곳에 따로 격리하여 지켜 주신다면 이 말씀은 불필요한 이야기가 됩니다. 하나님이 우리를 어디에 놓으셨는지가 이 말씀을 통해 분명해집니다. 우리가 이미 살고 있는 자리, 모든 사람이 다 거부하는 그 자리입니다. 영원한 나라, 믿음과 의로 충만한 거룩한 나라에 대한 기대와 소망이 있음에도 우리가 서 있는 자리는 그대로입니다. 그래서 우리는 '혹시 잘못 믿는 것이 아닐까? 그동안 받은 감동은 다 거짓이었을까?' 하고 고민합니다. 그렇지 않습니다.

우리가 가진 소원을 이루어 주는 식의 정황의 반전은 없습니다. 믿기로 결심한 나 자신마저도 옛날과 별반 달라지지 않았습니다. 달라진 것은 단 하나입니다. 예전에는 일관되게 세상과 죄 밖에 몰랐는데, 이제는 하나님을 알고 갈등하게 된 것입니다. 이렇게 살면 안 된다는 것은 아는데, 여전히 그렇게 살고 있는 나를 보고 놀랍니다. 기독교 신앙이 정황을 바꿔 주는 일은 없습니다. 우리에게 주어진 정황은 우리가 소원한 것도 아니지만, 우리의 잘못으로 주어진 것도 아닙니다. 하나님이 시험하시는 것은 더더욱 아닙니다. 이는 마태복음 6장에 나온 말씀과 같습니다.

> 그런즉 너희는 먼저 그의 나라와 그의 의를 구하라 그리하면 이 모든 것을 너희에게 더하시리라 그러므로 내일 일을 위하여 염려하지 말라 내일 일은 내일이 염려할 것이요 한 날의 괴로움은 그 날로 족하니라 (마 6:33-34)

오늘 직면한 문제를 해결하라고 말씀하지 않습니다. 오늘 우리에게 주어진 도전 앞에서 하나님을 신뢰함으로 이 문제를 끌어안을 것인지, 아니면 세상의 방식으로 해결할 것인지를 고민하라고 합니다. 내일 일은 내일이 걱정할 것입니다. 내일은 하나님이 쥐고 계십니다. 오늘 하루 우리에게 닥친 이 일은 우리의 잘못으로 생긴 것도 아니고, 우연히 일어난 것도 아닙니다. 이것은 하나님이 창조와 부활의 권능으로 우리를 빚어 가시는 재창조의 손길입니다. 왜 하필 이런 고난과 어려운 일들을 주실까요? 거기서 하나님이 만들어 내시는 것이 있기 때문입니다.

### 이중적인 자리

우리의 자리는 하나님의 주권과 능력과 지혜로 세우신 자리입니다. 우리에게 복을 주려고 예비하신 구체적인 자리입니다. 그러니 겁내지 마십시오. 고린도후서 4장으로 가 봅시다.

> 우리가 이 보배를 질그릇에 가졌으니 이는 심히 큰 능력은 하나님께 있고 우리에게 있지 아니함을 알게 하려 함이라 (고후 4:7)

'이 보배'는 그리스도를 아는 복음이요 믿음입니다. '질그릇에 가졌다'는 것은 우리의 연약한 육체에 가졌다는 뜻이기도 하고, 우리의 보잘것없는 삶에 가졌다는 뜻이기도 합니다. 우리의 보잘것없는 육체에, 우리의 평범한 삶에 이 보배를 가지고 있습니다.

> 우리가 사방으로 욱여쌈을 당하여도 싸이지 아니하며 답답한 일을 당하여도 낙심하지 아니하며 박해를 받아도 버린 바 되지 아니하며 거꾸러뜨림을 당하여도 망하지 아니하고 우리가 항상 예수의 죽음을 몸에 짊어짐은 예수의 생명이 또한 우리 몸에 나타나게 하려 함이라 우리 살아 있는 자가 항상 예수를 위하여 죽음에 넘겨짐은 예수의 생명이 또한 우리 죽을 육체에 나타나게 하려 함이라 그런즉 사망은 우리 안에서 역사하고 생명은 너희 안에서 역사하느니라 (고후 4:8-12)

우리는 박해를 받고 거꾸러뜨림을 당하고 죽음을 몸에 짊어지고 죽음에 넘겨집니다. 예수를 죽인 세상이 신자도 죽이는 그 정황 속에 우리가 있습니다. 우리는 슈퍼맨이 아닙니다. 초월적 힘을 가지지 않았습니다. 믿음을 가졌을 뿐입니다. 예수께서 성자 하나님이심에도 불구하고 채찍에 맞고 십자가에서 죽으신 것과 방불하게 우리도 죽음에 넘겨집니다.

그러나 우리는 본문을 가졌습니다. 거꾸러뜨림을 당해도 망하지 않고, 박해를 받아도 버린 바 되지 않고, 죽음을 짊어지고 있어도 예수의 생명이 우리 몸에 나타납니다. 우리는 죽음에 넘겨지나 예수의 생명이 그 죽을 육체에 나타나는 존재입니다. 사망 속에 있으나 생명을 전하고 있습니다.

이 이중성이 의미하는 바를 분명히 알아야 합니다. 정황과 본문 중 어느 한 가지로 다른 것을 압도하려고 하지 마십시오. 우리는 정황에 질 수 없는 사람입니다. 또한 우리가 가진 본문으로 정황을 장악하거나 조작하려 해서도 안 됩니다. 그 정황은 하나님이 우리에게 주신 도전이며 요구하시는 현실입니다. 예수님을 믿는 것이 무엇인지, 하나님이 우리를 어디로 어떻게 끌고 가시는지를 아십시오. 남에게 오해받는 것으로 억울해하지 말고 늠름하게 사십시오.

**질문하기**

**1.**

바울은 아직 어린 에베소 교회를 두고 떠납니다. 이렇게 하여 드
러나는 교훈은 무엇입니까?

**2.**

현실을 피해 도망간 자가 되지 않으려면 어떻게 해야 합니까?

**3.**

우리가 신자로서 이중적인 존재로 산다는 것은 무엇을 뜻합니까?

**나누기**

각자의 기도 제목을 문제를 해결해 달라는 기도에서 하나님의
말씀대로 그 문제를 끌어안는 기도로 바꾸어 봅시다.

## 05

## 삶에서 하나님이
## 드러난다

**27** 그 이레가 거의 차매 아시아로부터 온 유대인들이 성전에서 바울을 보고 모든 무리를 충동하여 그를 붙들고 **28** 외치되 이스라엘 사람들아 도우라 이 사람은 각처에서 우리 백성과 율법과 이 곳을 비방하여 모든 사람을 가르치는 그 자인데 또 헬라인을 데리고 성전에 들어가서 이 거룩한 곳을 더럽혔다 하니 **29** 이는 그들이 전에 에베소 사람 드로비모가 바울과 함께 시내에 있음을 보고 바울이 그를 성전에 데리고 들어간 줄로 생각함이러라 **30** 온 성이 소동하여 백성이 달려와 모여 바울을 잡아 성전 밖으로 끌고 나가니 문들이 곧 닫히더라 **31** 그들이 그를 죽이려 할 때에 온 예루살렘이 요란하다는 소문이 군대의 천부장에게 들리매 **32** 그가 급히 군인들과 백부장들을 거느리고 달려 내려가니 그들이 천부장과 군인들을 보고 바울 치기를 그치는지라 **33** 이에 천부장이 가까이 가서 바울을 잡아 두 쇠사슬로 결박하라 명하고 그가 누구이며 그가 무슨 일을 하였느냐 물으니 **34** 무리 가운데서 어떤 이는 이런 말로, 어떤 이는 저런 말로 소리 치거늘 천부장이 소동으로 말미암아 진상을 알 수 없어 그를 영내로 데려가라 명하니라 **35** 바울이 층대에 이를 때에 무리의 폭행으로 말미암아 군사들에게 들려가니 **36** 이는 백성의 무리가 그를 없이하자고 외치며 따라 감이러라 (행 21:27-36)

## 차별하는 죄

본문 이후에는 바울이 체포된 죄수의 신분으로 로마 황제 앞에 재판을 받기 위해 로마로 압송되는 과정이 담겨 있습니다. 예루살렘에서 바울을 잡은 것은 로마 정부가 아니라 유대인들이었습니다. 아시아에서 온 유대인들이 성전에 있는 바울을 잡습니다. 이때 아시아는 오늘날 터키 지역을 가리킵니다. 바울이 그 지역을 다니며 복음을 전했고, 바울에 의해 교회들이 세워졌습니다. 그곳에 살던 유대인들이 과연 무엇에 격분한 것인지 봅시다.

> 외치되 이스라엘 사람들아 도우라 이 사람은 각처에서 우리 백성과 율법과 이 곳을 비방하여 모든 사람을 가르치는 그 자인데 또 헬라인을 데리고 성전에 들어가서 이 거룩한 곳을 더럽혔다 하니 (행 21:28)

유대인들은 바울이 이스라엘과 율법과 성전을 비방하는 자라고 사람들을 선동합니다. 유대인들은 이방인들에 대해 특별한 우월감을 가지고 있었습니다. 하나님이 친히 주신 율법을 지키며, 하나님의 성전을 소유하고 있다는 사실만으로 자신들이 특별한 선민이라고 생각해 왔습니다. 그런데 바울이 전한 복음 때문에 그런 것들이 다 무가치해지자 분노한 것입니다.

복음은 누구든지 예수를 믿으면 아브라함의 후손이 된다고 합니다. 그런데 유대교에서는 아브라함의 후손이 되려면 유대인으로 태어나든지 혹은 할례를 받고 율법을 지키고 성전에 나와 제사를 드려야 했습니다. 후자의 경우도 간혹 있었지만, 아브라함의 후손이 된다는 것은 거의 대부분 이스라엘 백성에게만 허락된 혈통적 특권이었습니다. 이런 특권이 바울에 의해 도전받았던 것입니다.

우리는 유대인이 아니고 예수 믿는 사람들이니 우리와는 별 상관없는 이야기로 보일 수 있습니다. 그러나 기독교 신앙 내에서도 이런 차별이 존재합니다. 이 문제가 사도행전 말미에서 중요한 주제로 다뤄지는 것입니다. 로마서 3장 23절 이하에서는 복음을 이렇게 설명합니다.

모든 사람이 죄를 범하였으매 하나님의 영광에 이르지 못하더니 그리스도 예수 안에 있는 속량으로 말미암아 하나님의 은혜로 값 없이 의롭다 하심을 얻은 자 되었느니라 이 예수를 하나님이 그의 피로써 믿음으로 말미암는 화목제물로 세우셨으니 이는 하나님께서 길이 참으시는 중에 전에 지은 죄를 간과하심

으로 자기의 의로우심을 나타내려 하심이니 곧 이 때에 자기의
의로우심을 나타내사 자기도 의로우시며 또한 예수 믿는 자를
의롭다 하려 하심이라 (롬 3:23-26)

복음은 예수로 인한 것입니다. 예수로 인한 화해, 예수로 인한 정
의, 예수로 인한 하나님의 자기 증명입니다. 예수로 인하여 우리
와 하나님의 관계가 정상화되었습니다. 예수로 말미암아 하나님
은 용서하는 분이라고 당신을 증명하셨습니다. 이것이 복음입니
다. 그런데 이 복음이 우리 마음에 있는 생각을 무너뜨립니다.

그런즉 자랑할 데가 어디냐 있을 수가 없느니라 무슨 법으로냐
행위로냐 아니라 오직 믿음의 법으로니라 (롬 3:27)

자랑할 수 없다는 말씀은 교만하지 말라는 이야기가 아닙니다.
여기서 초점은 하나님이 인류에 대해 가지신 목적과 성의에 있
습니다. 하나님은, 자신이 원하는 수준 정도에서 만족하고 마는
인간의 생각에 타협하지 않으십니다. 하나님에게는 당신의 목
적이 따로 있습니다.

인간이 죄를 범하였다는 말은 인간의 도덕성이 타락했다거나
능력이 부족하다는 정도의 이야기가 아닙니다. 하나님과의 관
계가 끊어지자, 하나님만이 해 주실 수 있는 것을 이제는 받을
수 없게 되었다는 차원에서 죄를 말하고 있습니다. 그래서 죄로
인해 나타나는 분명한 현상은 하나님의 영광에 이르지 못하는
것입니다. 우리가 최선을 다하여 고상한 가치, 대의, 헌신, 희생,

진심을 가지더라도 하나님과 단절되어 있다면, 인간은 죄인이라는 한계를 벗어날 수 없다고 성경은 가르칩니다.


## 못난 사람을 위한 종교

사도행전에 나타난 유대인들의 분노는 그들의 자랑과 영광이 결국 이방인과의 차별에서 오는 우월감에 기인한 것임을 드러냅니다. 이방인들을 가리켜 하나님을 모르는 자들, 율법도 없고 성전도 없는 자들이라고 깎아내려 그들의 우위에 서는 것으로 만족하고, 또 그것을 전부로 생각해서 하나님이 하시는 일을 막습니다.

유대인이 저지르는 죄는 모든 인류의 본성에서 나오는 공통된 것입니다. 모두가 죄를 범했고 예수님은 모두를 구원하기 위하여 오셨습니다. 그런데 유대인은 자신을 자랑함으로써 은혜 바깥에 머무릅니다. 많은 기독교인들 역시 예수님을 믿는다는 자신들의 선택과 결단을 강조하여 기독교 신앙을 폐쇄적으로 만들어 버립니다. 그래서 모두를 향해 열린 문을 닫아 버리고 '나는 믿었고, 너는 안 믿었다'라며 다른 이들을 차별합니다. 이는 유대인들이 바울에게 대드는 모습과 동일합니다. 성경은 이를 지적합니다.

유대인들이 자기 백성과 율법과 성전을 비방한 사람이라며 바울을 잡아가는 모습에서 눈여겨볼 대목이 있습니다. 유대인들이 그들의 특권을 지키기 위하여 하는 행동과 바울이 복음을 전하기 위하여 가진 태도가 대조된다는 점입니다. 한쪽은 보상을 받으려 하고, 한쪽은 은혜가 필요함을 압니다. 하나님은 예수를 보내어 모두에게 무조건적 은혜를 베풀기 원하셨습니다. 그래서 죄인들을 부르셨습니다. 우리도 죄인들을 부르셨다는 사실이 감사한지 불만인지 자문해 보아야 합니다.

잘난 사람만 불러 모으는 종교는 얼마든지 있습니다. 못난 사람을 위하는 종교는 기독교뿐입니다. 우리는 자신이 못났다는 것과 은혜가 필요하다는 사실을 압니다. 그러나 조금만 믿음이 좋아지면 유대인들처럼 다른 사람을 차별하려는 죄의 유혹을 받습니다. 내가 아무것도 아닌 존재라는 것을 참을 수 없어 합니다. 세상적인 보상으로도 확인받고 싶어 안달입니다. '저 사람은 저렇게 모든 것을 가졌는데도 예수를 믿고 봉사를 한다' 이런 소리를 들어야 멋있다고 생각합니다. 로마서 14장입니다.

그런즉 우리가 다시는 서로 비판하지 말고 도리어 부딪칠 것이나 거칠 것을 형제 앞에 두지 아니하도록 주의하라 내가 주 예수 안에서 알고 확신하노니 무엇이든지 스스로 속된 것이 없으되 다만 속되게 여기는 그 사람에게는 속되니라 만일 음식으로 말미암아 네 형제가 근심하게 되면 이는 네가 사랑으로 행하지 아니함이라 그리스도께서 대신하여 죽으신 형제를 네 음식으로 망하게 하지 말라 그러므로 너희의 선한 것이 비방을 받지 않게 하라 하나님의 나라는 먹는 것과 마시는 것이 아니요 오직 성령 안에 있는 의와 평강과 희락이라 이로써 그리스도를 섬기는 자는 하나님을 기쁘시게 하며 사람에게도 칭찬을 받느니라 그러므로 우리가 화평의 일과 서로 덕을 세우는 일을 힘쓰나니 음식으로 말미암아 하나님의 사업을 무너지게 하지 말라 만물이 다 깨끗하되 거리낌으로 먹는 사람에게는 악한 것이라 고기도 먹지 아니하고 포도주도 마시지 아니하고 무엇이든지 네 형제로 거리끼게 하는 일을 아니함이 아름다우니라 네게 있는 믿음을 하나님 앞에서 스스로 가지고 있으라 자기가 옳다 하는 바로 자기를 정죄하지 아니하는 자는 복이 있도다 의심하고 먹는 자는 정죄되었나니 이는 믿음을 따라 하지 아니하였기 때문이라 믿음을 따라 하지 아니하는 것은 다 죄니라 (롬 14:13-23)

죄를 이야기할 때, 옳고 그름보다 더 중요한 기준이 있습니다. 믿음을 따라 하느냐 하지 않느냐, 바로 그것입니다. 믿음을 따라 하지 않는 것이 죄라고 합니다. 믿음이란 예수 안에서 허락된 하나님의 일하시는 방법입니다. 하나님이 일하시는 목적과 연결되어 있지 않은 것은 다 죄입니다. 무시무시한 일입니다. 그러나 믿음을 따라야 한다는 것은 고마운 일입니다. 예수 외에 다른 것으로 자기를 증명하지 않아도 되기 때문입니다. 상식을 넘어서고 윤리와 도덕을 넘어서서 하나님의 거룩한 명령에 자신을 묶어야 합니다. 그것이 하나님의 백성이 가지는 영광인 줄 알아야 합니다. 그런 자랑과 기쁨이 없으면 신앙생활은 불가능합니다.

## 하나님이 일하시는 자리

우리가 믿은 예수는 하나님의 영광입니다. 예수 그리스도로 말미암아 하나님이 당신의 영광을 구체화하셨습니다. 마찬가지로 우리의 존재와 생애 속에도 여전히 일하시는 하나님의 신실하심과 의지와 전능하신 능력이 함께합니다. 그러니 보이는 것으로 확인하려 하지 마십시오. 남보다 잘되는 것으로 확인할 수 없습니다. 예수라는 이름으로 말미암아 확인될 뿐입니다. 그 안에 모든 것이 있습니다.

예수는 하나님께로부터 나서 의와 진리와 능력과 자랑과 기적이 되셨습니다. 이 예수로 말미암아 우리라는 보잘것없는 존재와 실존이 기적의 자리, 은혜가 넘치는 자리, 하나님이 일하시는 자리가 되었습니다. 이것이 바울의 마지막 여정입니다. 얻어맞고 욕먹고 결박되어 로마로 가면서 결코 억울해하지 않습니다. 우리 모두의 생애가 하나님이 일하시는 기적의 손길임을 기억하고 명예와 자랑으로 순종하기를 바랍니다.

## 질문하기

**1.**

아시아에서 온 유대인들이 바울에게 분노한 이유는 무엇입니까?

---

**2.**

예수로 말미암아 하나님은 당신을 어떤 분으로 증명하셨습니까?

---

**3.**

유대인들이 그들의 특권을 지키기 위해 하는 행동과 바울이 복음을 전하기 위하여 가진 태도는 서로 어떻게 대조됩니까?

---

## 나누기

나를 가장 힘들게 하는 사람이 누구인지 떠올려 보십시오. 그들을 어떻게 용서하고 받아들일 수 있을지 구역원들과 함께 신앙의 지혜를 나누어 봅시다.

# 하나님이 불러
# 보내셨다

… **12** 율법에 따라 경건한 사람으로 거기 사는 모든 유대인들에게 칭찬을 듣는 아나니아라 하는 이가 **13** 내게 와 곁에 서서 말하되 형제 사울아 다시 보라 하거늘 즉시 그를 쳐다보았노라 **14** 그가 또 이르되 우리 조상들의 하나님이 너를 택하여 너로 하여금 자기 뜻을 알게 하시며 그 의인을 보게 하시고 그 입에서 나오는 음성을 듣게 하셨으니 **15** 네가 그를 위하여 모든 사람 앞에서 네가 보고 들은 것에 증인이 되리라 **16** 이제는 왜 주저하느냐 일어나 주의 이름을 불러 세례를 받고 너의 죄를 씻으라 하더라 **17** 후에 내가 예루살렘으로 돌아와서 성전에서 기도할 때에 황홀한 중에 **18** 보매 주께서 내게 말씀하시되 속히 예루살렘에서 나가라 그들은 네가 내게 대하여 증언하는 말을 듣지 아니하리라 하시거늘 **19** 내가 말하기를 주님 내가 주를 믿는 사람들을 가두고 또 각 회당에서 때리고 **20** 또 주의 증인 스데반이 피를 흘릴 때에 내가 곁에 서서 찬성하고 그 죽이는 사람들의 옷을 지킨 줄 그들도 아나이다 **21** 나더러 또 이르시되 떠나가라 내가 너를 멀리 이방인에게로 보내리라 하셨느니라 (행 22:6-21)

## 아무도 이해하지 못한다

유대인들이 사도 바울에게 분노했던 것은, 자기네만이 하나님의 선민이요 율법을 가진 특별한 민족이라고 자부했는데, 바울이 예수 그리스도로 말미암아 모든 민족이 차별 없이 구원을 얻는다고 말해 그들이 가진 자부심에 상처가 났기 때문입니다. 유대인들 앞에 선 바울은 한술 더 떠서 '우리 조상들의 하나님이 자신을 이방으로 보냈다'고 말합니다. 바울이 성전에서 기도하다가 들은 주님의 말씀을 살펴봅시다.

> 후에 내가 예루살렘으로 돌아와서 성전에서 기도할 때에 황홀한 중에 보매 주께서 내게 말씀하시되 속히 예루살렘에서 나가라 그들은 네가 내게 대하여 증언하는 말을 듣지 아니하리라 하시거늘 (행 22:17-18)

이 말씀을 듣고 바울은 이렇게 답합니다.

> 내가 말하기를 주님 내가 주를 믿는 사람들을 가두고 또 각 회
> 당에서 때리고 또 주의 증인 스데반이 피를 흘릴 때에 내가 곁
> 에 서서 찬성하고 그 죽이는 사람들의 옷을 지킨 줄 그들도 아
> 나이다 (행 22:19–20)

이 말은 '저는 그들의 처지에 서서 그들과 같은 주장을 하며 주
를 믿는 자들을 핍박하는 일에 앞장섰던 사람이었습니다. 이런
저도 돌이켰으니 그들은 제 말을 들을 것입니다'라는 이야기입
니다. 주님이 바울에게 이렇게 응답하십니다.

> 나더러 또 이르시되 떠나가라 내가 너를 멀리 이방인에게로 보
> 내리라 하셨느니라 (행 22:21)

여기까지 바울의 이야기를 듣던 유대인들은 이렇게 반응합니다.

> 이 말하는 것까지 그들이 듣다가 소리 질러 이르되 이러한 자
> 는 세상에서 없애 버리자 살려 둘 자가 아니라 하여 (행 22:22)

유대인들은 지금 너무 분합니다. 자기들과 같은 전통과 정체성
과 정서와 신앙을 가진 바울이 그 모든 것을 가지고도 그리스도
께 돌아섰다고 합니다. 곧 자신들이 틀렸다는 말이니 화가 난 것
입니다. 더욱이 주께서 바울에게 '저들은 네 말을 듣지 않을 것

이다. 이방으로 가라'라고 말씀하셨다고 하니 유대인들은 더욱 참을 수가 없었습니다. 본문의 분위기를 더 잘 이해하기 위해 마태복음 23장을 살펴볼 필요가 있습니다.

이에 예수께서 무리와 제자들에게 말씀하여 이르시되 서기관들과 바리새인들이 모세의 자리에 앉았으니 그러므로 무엇이든지 그들이 말하는 바는 행하고 지키되 그들이 하는 행위는 본받지 말라 그들은 말만 하고 행하지 아니하며 또 무거운 짐을 묶어 사람의 어깨에 지우되 자기는 이것을 한 손가락으로도 움직이려 하지 아니하며 그들의 모든 행위를 사람에게 보이고자 하나니 곧 그 경문 띠를 넓게 하며 옷술을 길게 하고 잔치의 윗자리와 회당의 높은 자리와 시장에서 문안 받는 것과 사람에게 랍비라 칭함을 받는 것을 좋아하느니라 그러나 너희는 랍비라 칭함을 받지 말라 너희 선생은 하나요 너희는 다 형제니라 땅에 있는 자를 아버지라 하지 말라 너희의 아버지는 한 분이시니 곧 하늘에 계신 이시니라 또한 지도자라 칭함을 받지 말라 너희의 지도자는 한 분이시니 곧 그리스도시니라 너희 중에 큰 자는 너희를 섬기는 자가 되어야 하리라 누구든지 자기를 높이는 자는 낮아지고 누구든지 자기를 낮추는 자는 높아지리라 화 있을진저 외식하는 서기관들과 바리새인들이여 너희는 천국 문을 사람들 앞에서 닫고 너희도 들어가지 않고 들어가려 하는 자도 들어가지 못하게 하는도다 (마 23:1-13)

23장 전체가 주께서 바리새인들을 꾸짖으시는 장면입니다. 우리는 이 장면을 대할 때면, 바리새인들을 향해 '맞아. 너희는 욕 먹어도 싸' 하고 생각합니다. 바리새인들은 저쪽에 있고, 우리는 주님 옆에 서 있다고 생각하는 것입니다. 그런데 바울은 저 유대인들 속에 자기도 있었다고 말합니다. '나도 거기 있었다. 그런데 지금 여기로 돌아왔다. 그러니 너희도 거기서 나와 이리 돌아와라.'

바울은 어떻게 넘어오게 되었습니까? 그가 이해했습니까, 아니면 누가 설득했습니까? 바울은 그렇게 넘어오지 않았습니다. 그는 예수 믿는 자들을 잡으려고 공문을 받아 다메섹으로 가던 중, 그가 가는 길에 뛰어드신 주님의 개입으로 고집이 꺾인 것입니다. 그를 돌려세우신 주께서 '너희 조상의 하나님이 너를 이방으로 보내노라' 하고 말씀하셔서, 그는 이방의 사도가 되었습니다. 붙잡히고 부러져서 새 길로 붙들려 간 것입니다. 하나님이 당신의 아들 예수를 보내신 열심과 성의로 바울의 영혼을 붙들어 매어 불가능한 일이 일어난 것입니다.

유대인들은 이 말을 알아듣지 못합니다. 바울도 전에는 알아듣지 못했습니다. 이제 알게 되어 유대인들의 몰이해와 적개심과 분노를 감수하게 되었습니다. 앞으로 사도 바울은 사람들이 이해할 수 없는 길을 갑니다. 설명한다고 알 수 있는 일이 아니기에, 붙잡히고 오해받고 수모 당하는 것을 당연하게 여기며 갑니다. 하나님이 자신을 꺾으셨듯이, 다른 이들도 영혼이 꺾이지 않는 한 이러한 열매를 맺을 수 없음을 깨달은 것입니다.

## 하나님이 일하신다

창세기 12장에 이스라엘 백성들의 대표인 조상 아브라함이 등장합니다.

> 여호와께서 아브람에게 이르시되 너는 너의 고향과 친척과 아버지의 집을 떠나 내가 네게 보여 줄 땅으로 가라 내가 너로 큰 민족을 이루고 네게 복을 주어 네 이름을 창대하게 하리니 너는 복이 될지라 너를 축복하는 자에게는 내가 복을 내리고 너를 저주하는 자에게는 내가 저주하리니 땅의 모든 족속이 너로 말미암아 복을 얻을 것이라 하신지라 (창 12:1-3)

이 약속이 아브라함에게 어떻게 이루어졌는지를 보면, 하나님의 신실하심을 확인할 수 있습니다. 하나님은 그저 목청을 높이고 몇 가지 기적을 일으켜 당신을 증명하지 않습니다. 한 인생, 그 후손들, 그렇게 만들어진 나라, 그 나라의 역사를 통하여 약속을 이루심으로 하나님의 신실하심을 드러내십니다. 그리고 그 하나님의 영광과 거룩하심과 자비와 긍휼과 성실과 의지의 절정이 예수에게서 나타납니다.

바울이 그것을 먼저 알아보고 놀라서 회개한 것이 아닙니다. 인간으로 오셔서 십자가에서 죽으신 하나님이 그 능력과 개입과 신실하심으로 바울의 고집을 꺾으신 것입니다.

사도행전 22장에 담긴 바울의 말은 이런 뜻입니다. '부형들이여 내 말을 들으소서. 나도 여러분과 똑같이 굴었습니다. 그런데 하나님이 저에게 어떤 일을 행하셨습니다. 나를 보십시오. 마음 껏 죽이십시오. 그러나 하나님의 일하심을 바라보십시오. 그는 우리 조상의 하나님입니다. 아브라함의 하나님, 이삭의 하나님, 야곱의 하나님입니다. 하나님이 당신의 신실하심으로, 기뻐하 심으로, 능력과 의지로 이 일을 하셨습니다. 아브라함이 믿음의 조상이 될 수 있었던 이유가 전적으로 하나님에게 있듯이, 예수 께서 오신 이유도 전적으로 하나님의 기뻐하심과 능력에 있습 니다. 그렇게 우리가 있는 것이고, 우리가 살아가는 인생 속에서 하나님이 계속 일하실 것입니다. 예수의 죽으심으로 우리가 이 자리에 왔으니 그의 부활의 능력으로는 하나님이 얼마나 더 큰 일을 하시겠습니까?'

위대한 것은 바울이 아니라 바울이 들고 가는 복음입니다. 그 것은 우리의 헌신이나 능력에 근거하지 않고 전적으로 하나님 의 신실하심에 근거하기 때문입니다. 때때로 우리는 바울을 부 러워합니다. 그러나 유대인들이 율법을 자랑한 것같이 바울을 자랑하지 말고, 바울이 들고 가는 복음의 위대함을 알아야 합니 다. 우리의 못남과 소원을 다 내려놓고, 복음의 위대함 하나로 우리의 존재와 인생을 기꺼이 각오하고 살아야 합니다.

바울은 이후에도 벨릭스, 베스도, 아그립바, 그리고 가이사 앞 에 서게 됩니다. 그때 바울은 그들이 알아들을 수 있는 이야기를 하지 않습니다. 다만 하나님의 일하시는 손길이 되는 길을 갑니 다. 자기가 세상에서 당하는 모든 무관심과 억울함에 대하여 아 무런 불평도 하지 않습니다. 그 모든 일을 통해 하나님이 일하신 다는 것을 예수 안에서 확인했기 때문입니다. 예수를 몰랐고, 예수 믿는 자들을 핍박했음에도 불구하고, 하나님이 자기 인생을 어떻게 이끄셨는지 확인했으니 바울은 이제 겁날 것이 없습니다. 이처럼 우리 모두 예수를 믿고 사는 현실에 대해 겁날 것이 없습니다. 복음을 들고 사는 자의 영광과 자랑을 알아야 합니다. 하나님이 우리를 통하여 기적을 이루시는 것을 알아야 합니다.

하나님은 우리 조상의 하나님, 아브라함과 이삭과 야곱의 하나님, 모세와 엘리야와 다니엘을 세워 일하신 하나님, 유명한 자와 무명한 자를 들어 일하신 하나님, 아무것도 아닌 자를 위하여 일하신 하나님, 지금도 일하시는 하나님, 우리와 함께하시는 하나님, 기적을 이루시는 하나님, 찬송을 받으시는 하나님입니다. 이 하나님을 아는 인생으로 부름받은 일이 커다란 기쁨과 자랑이 되기를 바랍니다.

## 질문하기

**1.**

하나님이 자신을 이방으로 보내셨다는 바울의 주장에 대해 유대인들이 분노한 이유는 무엇입니까?

**2.**

바울이 유대인들에게 붙잡히고 오해받고 수모 당하는 것을 당연하게 여긴 이유는 무엇입니까?

**3.**

바울이 아니라 바울이 들고 가는 복음이 위대한 이유는 무엇입니까?

## 나누기

각자의 일상에서 불평을 자아내는 일들은 무엇입니까? 그 일들 속에서도 하나님이 기적을 이루고 계심을 믿으며 함께 기도합시다.

**07**

## 위대한 복음의 길을
## 걷는다

··· **14** 대제사장들과 장로들에게 가서 말하되 우리가 바울을 죽이기 전에는 아무 것도 먹지 않기로 굳게 맹세하였으니 **15** 이제 너희는 그의 사실을 더 자세히 물어보려는 척하면서 공회와 함께 천부장에게 청하여 바울을 너희에게로 데리고 내려오게 하라 우리는 그가 가까이 오기 전에 죽이기로 준비하였노라 하더니 **16** 바울의 생질이 그들이 매복하여 있다 함을 듣고 와서 영내에 들어가 바울에게 알린지라 **17** 바울이 한 백부장을 청하여 이르되 이 청년을 천부장에게로 인도하라 그에게 무슨 할 말이 있다 하니 **18** 천부장에게로 데리고 가서 이르되 죄수 바울이 나를 불러 이 청년이 당신께 할 말이 있다 하여 데리고 가기를 청하더이다 하매 **19** 천부장이 그의 손을 잡고 물러가서 조용히 묻되 내게 할 말이 무엇이냐 **20** 대답하되 유대인들이 공모하기를 그들이 바울에 대하여 더 자세한 것을 묻기 위함이라 하고 내일 그를 데리고 공회로 내려오기를 당신께 청하자 하였으니 **21** 당신은 그들의 청함을 따르지 마옵소서 그들 중에서 바울을 죽이기 전에는 먹지도 않고 마시지도 않기로 맹세한 자 사십여 명이 그를 죽이려고 숨어서 지금 다 준비하고 당신의 허락만 기다리나이다 하니 ··· (행 23:12-22)

## 다만 비명이면 된다

지금 바울은 잡혀서 그를 없애려는 적대 세력의 위협 속에 있습니다. 적개심에 불타는 유대인들은 바울을 죽이기 전에는 먹지도 마시지도 않겠다고 맹세까지 한 상황입니다. 바울을 꼭 죽이겠다는 유대인들, 바울을 가둔 당시 정치권력인 로마, 그리고 복음의 증인인 바울이 이 장면에 등장해 있습니다.

앞 장에서 유대인들이 바울에게 적개심을 갖는 이유에 대해 생각했습니다. 바울은 유대인들이 선민임을 보증해 주는 율법과 성전이 필요 없다고 했습니다. 유대인들은 이 말을 참을 수가 없었습니다. 그래서 그들은 바울을 없애 버리기로 합니다. 그런데 바울은 이 문제를 힘으로 대응하려 들지 않습니다. 그는 다만 감수합니다. 이렇게 바울은 유대인들과 극명한 대조를 보입니다. 유대인들은 자기들의 정체성을 보장받기 위해서 적을 죽여야 하는 반면, 바울은 이 모든 일을 감수하여 복음을 전하려고 합니다.

바울은 이렇게 말하고 있는 셈입니다. '이런 일이 나에게 일어났다. 너희들이 믿고 안 믿고는 다음 문제다. 하나님이 우리를 구원하고 계신다. 일하고 계신다. 나보고 그것을 온 천하에 가서 선포하라고 하셨다. 나를 밀어내려면 밀어내라. 그래도 나는 나한테 주어진 일을 할 것이다.'

바울은 증오와 위협과 권력 앞에서 자신을 변호하지 않습니다. 자기가 들고 간 복음만 이야기할 뿐입니다. 도전이 있을 때마다, 사건이 터질 때마다 이 이야기를 합니다. '예수께서 나에게 나타나셨다. 우리가 십자가에서 죽인 바로 그 예수다. 예수의 죽음은 죽을 수밖에 없는 우리를 부활로 인도하기 위한 하나님의 찾아오심이었다. 하나님이 예수 안에서 생명과 성령의 법으로 우리를 부르셨다. 그것이 온 천하에 선포된 최고의 법이다.' 이것을 전하는 것이 바울의 사명입니다.

여기서 예수께서 하신 일들을 생각해 봅시다. 그분은 죄인들을 위하여 오셔서 가난한 자들의 친구가 되셨습니다. 대접을 받으러 오지 않고 섬기러 오셨습니다. 그는 권력을 잡으러 오지 않고 우리를 위하여 죽으러 오셨습니다. 이것이 우리가 하나님에게 범죄하여 발생한 자멸의 법칙을 깨는 하나님의 개입이요, 회복이요, 구원입니다. 그 일이 일어났고, 진행 중이며, 장차 완성될 것입니다.

그래서 바울은 하나님이 일하시는 방법의 으뜸인 예수 그리스도께서 걸으신 길을 뒤쫓는 것 외에는 다른 방법을 알지 않기로 한 것입니다. 살든지 죽든지 내 몸에서 그리스도가 영광을 받으시기를, 그리스도의 영광이 나타나며 증거되기를 바라는 삶을 삽니다. 로마서 10장에서 바울은 자신의 사명을 이렇게 말합니다.

> 네가 만일 네 입으로 예수를 주로 시인하며 또 하나님께서 그를 죽은 자 가운데서 살리신 것을 네 마음에 믿으면 구원을 받으리라 사람이 마음으로 믿어 의에 이르고 입으로 시인하여 구원에 이르느니라 성경에 이르되 누구든지 그를 믿는 자는 부끄러움을 당하지 아니하리라 하니 유대인이나 헬라인이나 차별이 없음이라 한 분이신 주께서 모든 사람의 주가 되사 그를 부르는 모든 사람에게 부요하시도다 누구든지 주의 이름을 부르는 자는 구원을 받으리라 그런즉 그들이 믿지 아니하는 이를 어찌 부르리요 듣지도 못한 이를 어찌 믿으리요 전파하는 자가 없이 어찌 들으리요 보내심을 받지 아니하였으면 어찌 전파하리요 기록된 바 아름답도다 좋은 소식을 전하는 자들의 발이여 함과 같으니라 (롬 10:9-15)

예수를 믿으면 구원을 얻습니다. 그러나 이 말이 오해되지 않도록 13절에서 "누구든지 주의 이름을 부르는 자는 구원을 받으리라"라고 합니다. 믿는 것이 조건이 아닙니다. 부르면 됩니다. '믿는' 것이 진심, 이해, 납득, 헌신, 결단과 같은 것을 의미한다면, '부르는' 것은 도와 달라는 비명으로 충분하다는 뜻입니다. '나를 홀로 두지 마옵소서.' 이런 비명 말입니다. "하나님이 정말 계시다면, 어떻게 좀 해 주십시오", "여태껏 믿는다고 믿었는데 어떻게 해야 할지 모르겠습니다. 어떻게 좀 해 주세요. 살려 주세요." 이런 비명이면 충분하다고 합니다.


## 상대를 살리는 생명의 법

이사야 42장에 가면 예수 그리스도로 말미암아 허락하실 하나님의 구원에 대한 약속이 구체적으로 예언되어 있습니다.

> 내가 붙드는 나의 종, 내 마음에 기뻐하는 자 곧 내가 택한 사람을 보라 내가 나의 영을 그에게 주었은즉 그가 이방에 정의를 베풀리라 그는 외치지 아니하며 목소리를 높이지 아니하며 그 소리를 거리에 들리게 하지 아니하며 상한 갈대를 꺾지 아니하며 꺼져가는 등불을 끄지 아니하고 진실로 정의를 시행할 것이며 그는 쇠하지 아니하며 낙담하지 아니하고 세상에 정의를 세우기에 이르리니 섬들이 그 교훈을 앙망하리라 (사 42:1-4)

메시아에 관한 약속입니다. 그 아들을 보내어 이루실 구원, 이것이 이방에 베푸는 정의라고 합니다. 여기서 이방은 누구일까요? 조건이 없는 자들을 상징합니다. 이스라엘이 아닙니다.

구약에서 이스라엘과 이방을 나누는 것은 이스라엘의 우월함을 증명하는 것 이상의 의미가 있습니다. 이스라엘을 선민으로 세우시고 이방을 상대적으로 열등한 자리에 있게 하신 이유는 하나님의 구원이 어떻게 은혜에 속하는지를 나타내기 위해서입니다. 이스라엘의 불순종은 우리가 가진 어떠한 가치도 구원을 이루어 내는 조건이나 능력이 될 수 없다는 사실을 증거합니다. 정말 놀랍습니다.

그분은 외치지 않습니다. 목소리를 높이지 않습니다. 공포나 위협으로 이 일을 이루지 않습니다. 그러나 가장 외진 데까지도 다 이 혜택이 미치게 됩니다. '섬들이 그 교훈을 앙망하리라.' 말씀은 이렇게 이어집니다.

> 하늘을 창조하여 펴시고 땅과 그 소산을 내시며 땅 위의 백성에게 호흡을 주시며 땅에 행하는 자에게 영을 주시는 하나님 여호와께서 이같이 말씀하시되 나 여호와가 의로 너를 불렀은즉 내가 네 손을 잡아 너를 보호하며 너를 세워 백성의 언약과 이방의 빛이 되게 하리니 네가 눈먼 자들의 눈을 밝히며 갇힌 자를 감옥에서 이끌어 내며 흑암에 앉은 자를 감방에서 나오게 하리라 나는 여호와이니 이는 내 이름이라 나는 내 영광을 다른 자에게, 내 찬송을 우상에게 주지 아니하리라 (사 42:5-8)

본문에는 하나님의 거룩하심, 유일하심, 전능하심, 영광과 위엄이 분명하게 표현되어 있습니다. 하나님은 이 일을 눈먼 자들, 갇힌 자들, 흑암에 앉은 자들, 감옥에 갇힌 자들에게 행하실 것입니다. 예수께서 오셔서 당신의 생애에서 실제로 보이신 것같이, 하나님은 가난한 자와 병든 자와 죄인들의 친구가 되시며, 저들을 고치고 섬기고 저들에게 자기 목숨을 내어 주십니다. 누구를 잡고 무릎 꿇리고 죽여서 얻는 정체성이나 승리와는 극명하게 대비됩니다. 복음이 가지는 힘과 정체성은 내가 죽어 상대를 살리는 생명과 성령의 법입니다.


## 위대한 길을 걸으라

이것을 제대로 이해하기가 쉽지 않습니다. 우리는 우리가 가진 죄의 본성 때문에 모든 것을 승패를 가르는 식으로밖에는 이해하지 못합니다. 그러나 나이가 들면 배웁니다. 나이가 든다는 것은 하나님의 특별한 섭리입니다. 만일 우리가 죽지 않는다면, 아마 영원히 예수를 믿지 않을 것입니다. 늙어서 죽음을 앞두면 가치 있는 것과 그렇지 않은 것에 대한 분별이 생깁니다. 세상이 한 약속이 모두 거짓임을 알게 됩니다. 이렇게 살면 평생 이길 것 같았는데, 어느 날 거울을 들여다보니 거짓말이라고 쓰여 있습니다. 내가 아는 얼굴이 아닙니다. 세상이 약속한 것 중에 영원한 승리, 영원한 영광, 영원한 자랑은 없습니다. 세상이 한 약속에는 진실이 없습니다. 우리를 죽음으로 몰아가는 것들뿐입니다.

그러나 예수 안에서는 다릅니다. 믿음을 가진 자가 거울을 보면 누가 비치는 것 같습니까? 예수가 비칩니다. 주름과 주름 사이, 그늘진 어두운 골짜기마다 십자가가 서 있고, 굴곡진 피부에 부활의 빛이 반사됩니다. 죽어 가기 때문에 마지막으로 붙잡는 것이 아닙니다. 죽음도 막을 수 없는 예수 안에서의 구원의 영광 때문입니다. 기꺼이 죽을 수 있습니다. 세상에서 아쉬울 것이 없습니다.

내가 유익해서 살아 있거나 무익해서 죽는 것이 아니라 하나님의 자녀이기에 살아 있는 것입니다. 살아 있음이 책임이 됩니다. 바울이 그랬던 것처럼, 우리 모두가 하나님의 일하심과 복 주심 속에 있는 줄을 알기에 살아갑니다. 오래 사는 사람은 하나님과 함께 해야 할 일이 더 있어서이고, 일찍 죽는 사람은 그 일이 다 끝나서입니다. 이것이 복음에서 비롯하는 우리의 자랑이며 성경이 전하는 위대한 메시지입니다.

당시 바울은 죽도록 고생만 했습니다. 우리도 그렇습니다. 우리 인생이 어떤 의미였는지는 나중에 하늘나라에 가 봐야 압니다. 하나님이 하시는 큰일에서 우리로 말미암아 무슨 일이 생겼는지, 우리가 어느 자리에 있었는지 그때 가야 밝히 알게 됩니다. 현실에서는 다만 고난과 수고뿐입니다.

그러나 그 길은 위대한 길입니다. 그 길에서 우리는 늙어 갑니다. 그때 거울을 보면 예수를 만납니다. 이 길을 걷지 않는 이들은 거짓을 만날 뿐입니다. 바울이 위대한 것이 아닙니다. 복음이 위대합니다. 복음의 위대함은 예수 안에서의 부활의 승리로 나타납니다. 그러니 그리스도로 말미암아 우리에게 승리를 주시는 하나님을 기억하지 않으면 신자로서 세상을 살아갈 다른 방법이 없습니다.

그러므로 내 사랑하는 형제들아 견실하며 흔들리지 말고 항상 주의 일에 더욱 힘쓰는 자들이 되라 이는 너희 수고가 주 안에서 헛되지 않은 줄 앎이라 (고전 15:58)

## 질문하기

**1.**

적개심 가득한 유대인의 위협 앞에 바울은 어떻게 반응하였습니까?

**2.**

"누구든지 주의 이름을 부르는 자는 구원을 받으리라"라는 구절에서 '부르는' 것은 어떤 조건을 의미합니까?

**3.**

메시아가 오셔서 이루실 구원이 이방에 베풀어졌습니다. 이방은 어떤 자들을 대표합니까?

## 나누기

서로의 얼굴을 잠시 바라보십시오. 상대에게서 주님의 어떤 성품이 느껴지는지 나누어 봅시다.

**08**

# 하나님은
# 끝없이
# 기다리신다

··· **14** 그러나 이것을 당신께 고백하리이다 나는 그들이 이단이라 하는 도를 따라 조상의 하나님을 섬기고 율법과 선지자들의 글에 기록된 것을 다 믿으며 **15** 그들이 기다리는 바 하나님께 향한 소망을 나도 가졌으니 곧 의인과 악인의 부활이 있으리라 함이니이다 **16** 이것으로 말미암아 나도 하나님과 사람에 대하여 항상 양심에 거리낌이 없기를 힘쓰나이다 **17** 여러 해 만에 내가 내 민족을 구제할 것과 제물을 가지고 와서 **18** 드리는 중에 내가 결례를 행하였고 모임도 없고 소동도 없이 성전에 있는 것을 그들이 보았나이다 그러나 아시아로부터 온 어떤 유대인들이 있었으니 **19** 그들이 만일 나를 반대할 사건이 있으면 마땅히 당신 앞에 와서 고발하였을 것이요 **20** 그렇지 않으면 이 사람들이 내가 공회 앞에 섰을 때에 무슨 옳지 않은 것을 보았는가 말하라 하소서 **21** 오직 내가 그들 가운데 서서 외치기를 내가 죽은 자의 부활에 대하여 오늘 너희 앞에 심문을 받는다고 한 이 한 소리만 있을 따름이니이다 하니 ··· (행 24:10-23)

## 부활로 인해

선교 여행을 마치고 예루살렘에 돌아온 바울은 유대인들의 박해와 공격에 몰립니다. 이때 바울을 구출해 준 것은 로마 군인들입니다. 하지만 그들은 바울을 죄인으로 여겨 그를 결박하고 가두어 놓습니다. 이제 그들은 유대인들이 무엇 때문에 바울을 박해하는지 확인하려고 합니다. 벨릭스 총독 앞에 대제사장과 바울이 서게 되고, 심문을 받는 바울은 유대인들이 고발한 죄를 전혀 범하지 않았다고 주장합니다. 그의 이야기가 이렇게 이어집니다.

그러나 이것을 당신께 고백하리이다 나는 그들이 이단이라 하는 도를 따라 조상의 하나님을 섬기고 율법과 선지자들의 글에 기록된 것을 다 믿으며 그들이 기다리는 바 하나님께 향한 소

망을 나도 가졌으니 곧 의인과 악인의 부활이 있으리라 함이니
이다 (행 24:14-15)

그가 반대를 받고 어려움을 겪는 이유는 바로 '부활이 있으리라'
라는 말 때문이라고 합니다. 이 점을 반복하여 강조합니다.

오직 내가 그들 가운데 서서 외치기를 내가 죽은 자의 부활에
대하여 오늘 너희 앞에 심문을 받는다고 한 이 한 소리만 있을
따름이니이다 하니 (행 24:21)

부활이 왜 이렇게 큰 문제가 되었을까요? 앞 장에서 언급했듯이,
바울이 로마로 압송되는 과정에서 세 부류가 등장합니다. 바울,
그를 대적하는 유대인, 그리고 권력을 행사하는 로마, 이렇게 셋
입니다.

로마는 부활에 대해 관심이 없습니다. 이미 권력을 가진 그들
에게는 현 세상이 전부이기 때문입니다. 죽은 다음의 이야기에
는 관심이 없습니다. 한편, 유대인들은 바울과 같은 전통을 가졌
는데도 그에게 화를 냅니다. 그들이 가진 우월감을 바울이 훼손
했기 때문입니다. 그래서 유대인들은 바울을 죽이려고 합니다.

우리는 이 대목에서 왜 하나님이 개입하여 시원하게 해결해
주지 않는지 의아스럽습니다. 일단 벨릭스 총독부터 회개시키
고 복음을 거스르는 유대인들을 다 죽이면 되지 않을까 하는 생
각이 듭니다. 그러나 하나님은 '회개시키고', '죽이고' 하는 강제
력을 쓰지 않으십니다.

부활은 기독교 신앙의 중요한 기둥입니다. 예수로 인한 복음의 핵심입니다. 예수를 믿는다는 말에는 죄 용서와 죄인의 승리가 담겨 있습니다. 심판받아야 하는 죄인에게 주시는 용서와 용서 너머 영광에 이르게 하시는 약속이 전제되어 있습니다. 이것이 부활이 가리키는 것입니다.

## 시간을 주시는 하나님

찬송하리로다 하나님 곧 우리 주 예수 그리스도의 아버지께서 그리스도 안에서 하늘에 속한 모든 신령한 복을 우리에게 주시되 곧 창세 전에 그리스도 안에서 우리를 택하사 우리로 사랑 안에서 그 앞에 거룩하고 흠이 없게 하시려고 그 기쁘신 뜻대로 우리를 예정하사 예수 그리스도로 말미암아 자기의 아들들이 되게 하셨으니 이는 그가 사랑하시는 자 안에서 우리에게 거저 주시는 바 그의 은혜의 영광을 찬송하게 하려는 것이라 우리는 그리스도 안에서 그의 은혜의 풍성함을 따라 그의 피로 말미암아 속량 곧 죄 사함을 받았느니라 이는 그가 모든 지혜와 총명을 우리에게 넘치게 하사 그 뜻의 비밀을 우리에게 알리신 것이요 그의 기뻐하심을 따라 그리스도 안에서 때가 찬 경륜을 위하여 예정하신 것이니 하늘에 있는 것이나 땅에 있는 것이 다 그리스도 안에서 통일되게 하려 하심이라 (엡 1:3-10)

이 말씀에는 세 가지 주제가 들어 있습니다. 첫째는 구원과 영원한 영광은 하나님이 주신다는 점입니다. 둘째는 이것이 예수 그리스도로 말미암아 이루어진다는 점입니다. 셋째, 거기에 시간이 더해집니다.

우리는 성경을 대할 때 대개 시간을 고려하지 않곤 합니다. 그러나 성경은 시간을 초월한 역사가 아닌 시간 속에서 이루어지는 하나님의 역사를 증언합니다.

성경에는 태초 이후 역사 내내 이어진 인류의 끔찍한 무지와 죄가 기록되어 있습니다. 그들은 자기 죄가 무엇인지 모를 뿐만 아니라, 그 죄를 고스란히 하나님에게 터뜨립니다. 그리하여 예수를 십자가에 못 박아 죽입니다.

그러나 시간 속에 들어오신 예수님은 인간이 저지른 잘못과 실수를 모조리 끌어안아 죽으십니다. 그리고 시간 속에서 그 모든 것을 부활과 새 생명으로 반전하십니다. 성경은 이런 기적을 말하고 있습니다.

주님은 말이나 눈물로 때우지 않으십니다. 고함을 치는 것이나 벼락을 내리는 것으로 일을 이루지 않으십니다. 우리에게 익숙한 시간과 공간 속에서 그 일을 이루어 내십니다. 그래서 우리가 고집한 대로 갔던 파멸의 길을 끝까지 따라오셔서 거기서 구원을 만들어 내십니다. 이것이 예수 안에서 이루신 하나님의 승리입니다.

바울은 억울한 일을 많이 겪습니다. 그런데 그는 비분강개하지 않습니다. 우리가 보기에 사도행전의 결말은 시시하고 지루하기까지 합니다. 그러나 사실은 무시무시한 길입니다. 그것이 바로 십자가의 길이요 영광의 길이요 능력의 길이요 깊으신 하나님의 길이기 때문입니다.

하나님은 기다리십니다. 우리가 돌아오기까지 기다리시면서 우리가 항복하고 받아들일 시간을 주십니다. 이 모습이 우리 눈에는 시시해 보입니다. 우리는 한마디 해서 상황을 뒤집어 놓고 싶고, 고함 한번 질러서 항복을 받아 내고 싶습니다.

우리는 "지금 네가 죽어도 천국 갈 확신이 있어?"와 같은 말을 많이 합니다. 오늘 밤에 죽는다면, 우리는 마지막이니 무엇이든 해낼 수 있을 것 같습니다. 그런데 문제는 우리가 그런 확신으로 가득 차 있어도 하나님이 당장 우리를 데려가지 않으신다는 것입니다. 오늘 밤에 데려가셔야 이 확신이 빛이 날 텐데, 아무리 확신이 넘쳐도 어김없이 무시무시한 내일이 옵니다. 지금은 안 데려가십니다. 시간이 흐르면 고함도 사라지고 눈물도 마르고 감동도 빠져나가고 넋이 빠진 사람이 되어서, 어떻게 해야 하는지 모르겠고, 내가 믿는 사람인지조차 자신할 수 없는 상태가 됩니다. 하나님이 어떻게 일하시는지 몰라서 이렇게 되는 것입니다.

하나님은 기다리고 계십니다. 문을 열어 놓고 계십니다. 열린 문입니다. 바람이 불면 삐거덕거릴지언정 잠가 놓지 않는 문입니다. 언제든 돌아와도 좋다고 하시며 열어 놓으셨습니다. 이 문이 늘 바람에 흔들려 삐걱거립니다. 우리는 그것이 싫습니다. 차라리 문을 떼어 버리거나 확 잠가 버리는 게 낫지, 계속 삐걱거리고 덜컹거리는 것이 거슬립니다.

하나님이 무엇을 하고 계십니까? 쓸모 있게 고치는 것이 아니라 기다리고 계십니다. 그러나 수동적으로 가만히 기다리기만

하시는 것이 아니라 일하고 계십니다. 답이 없는 세상, 거짓말뿐인 세상에서 지치고 절망한 우리가 드디어 깊이 물어보는 자리에까지 이르도록 인도하고 계십니다.


## 쉽게 도망갈 수 없다

우리는 누가복음 15장에 나오는 탕자처럼 행동합니다. 자기 마음대로 살면 행복할 것 같습니다. 많은 재산을 소유하기만 하면 답이 있을 것 같습니다. 그래서 자기 몫을 받아 나간 탕자처럼 시간을 허비하며 방탕하게 삽니다.

그런데 그 모든 세월 동안 하나님이 우리와 동행하시며 기다리십니다. 우리는 그 길이 아니라는 것을 점점 깨달아 가다가 결국 끝에 가서야 돌이킵니다. 그리고 은혜를 받습니다. '내 아버지 집에서는 종들도 나보다는 낫다. 돌아가자.' 집에 가 보니 아버지가 문 밖에 서서 자신을 기다리고 있습니다. 탕자가 말합니다. "아버지, 저를 아들로 대접하지 마시고 종들의 하나로 보소서." "무슨 소리냐? 얘들아, 소를 잡아라. 신발을 신겨라. 반지를 끼워라."

돌아오는 데 오래 걸립니다. 하나님은 독재자가 아니어서 당신의 뜻을 억지로 끼워 맞추거나 힘으로 우리를 굴복시키지 않습니다. 하나님이 누군지 모르고 제 뜻대로 행하는 세상의 많은 거역과 신성모독과 불순종과 무지에도 불구하고 하나님은 일하고 계십니다. 하나님이 기다리십니다. 바울이 붙잡혀서 감옥에 갇혀 있을 때 하나님이 이렇게 말씀하십니다.

그 날 밤에 주께서 바울 곁에 서서 이르시되 담대하라 네가 예루살렘에서 나의 일을 증언한 것 같이 로마에서도 증언하여야 하리라 하시니라 (행 23:11)

바울은 로마에 갈 때까지는 죽을 수도 없습니다. 모든 과정에 그는 사도로 서 있습니다. 아무것도 아닌 자 같으나 모든 것을 가진 자로서, 영광과 욕됨으로 말미암는 자리를 지키는 것입니다. 그는 죄수의 신분으로 갑니다. 아무도 그가 누군지 모릅니다. 그러나 하나님이 그와 함께 일하십니다. 언제까지입니까? 우리로 치면 증손자를 볼 때까지입니다. 그러니 오래 사십시오. 쉽게 도망갈 생각은 하지 마십시오.

예수 믿는 것이 왜 이렇게 어렵습니까? 눈에 보이는 증거와 권력이 없기 때문입니다. 우리는 어떻게 살아야 할까요? '방법이 없구나. 그러나 하나님이 일하신다. 부활이 있다. 역전이 있다.' 이렇게 믿고 사는 것입니다. '너는 틀리고, 나는 맞다' 하는 싸움에 말려들지 말고, 다른 사람을 쫓아다니며 '넌 왜 그렇게 사니?' 그러지 마십시오. 각자의 인생을 조용히 살며, 하나님이 세상과 이웃 앞에서 일하심을 믿으십시오. 억울해하지 말고, 도망가지 말고, 각자의 삶을 살아 내십시오. 우리에게 맡기신 일이 다 다릅니다. 각자 주어진 일을 하십시오. 하나님이 일하신다는 사실을 놓치지 말아야 합니다. 그래야 우리의 길을 갈 수 있습니다. 변명하지 않고 고함지르지 않고 윽박지르지 않으며, 한숨짓지 않을 수 있습니다. 그렇게 하여 하나님이 무엇을 하시는지 목도하십시오.

## 질문하기

**1.**

벨릭스 총독 앞에서 바울은 자신이 무엇 때문에 반대를 받고 어려움을 겪고 있다고 말합니까?

**2.**

에베소서 1장 3절부터 10절까지의 말씀을 보면, 구원은 하나님이 주시며 예수 그리스도로 말미암아 이루어짐을 알 수 있습니다. 더불어 중요한 세 번째 주제는 무엇입니까?

**3.**

바울은 언제까지 죽을 수도 없습니까?

## 나누기

무의미하게 흘러간 줄만 알았던 시간 속에서 하나님이 일하셨다는 사실을 깨달은 바가 있다면 함께 나누어 봅시다.

무의미한
시간은
없다

**13** 수일 후에 아그립바 왕과 버니게가 베스도에게 문안하러 가이사랴에 와서 **14** 여러 날을 있더니 베스도가 바울의 일로 왕에게 고하여 이르되 벨릭스가 한 사람을 구류하여 두었는데 **15** 내가 예루살렘에 있을 때에 유대인의 대제사장들과 장로들이 그를 고소하여 정죄하기를 청하기에 **16** 내가 대답하되 무릇 피고가 원고들 앞에서 고소 사건에 대하여 변명할 기회가 있기 전에 내주는 것은 로마 사람의 법이 아니라 하였노라 **17** 그러므로 그들이 나와 함께 여기 오매 내가 지체하지 아니하고 이튿날 재판 자리에 앉아 명하여 그 사람을 데려왔으나 **18** 원고들이 서서 내가 짐작하던 것 같은 악행의 혐의는 하나도 제시하지 아니하고 **19** 오직 자기들의 종교와 또는 예수라 하는 이가 죽은 것을 살아 있다고 바울이 주장하는 그 일에 관한 문제로 고발하는 것뿐이라 **20** 내가 이 일에 대하여 어떻게 심리할는지 몰라서 바울에게 묻되 예루살렘에 올라가서 이 일에 심문을 받으려느냐 한즉 **21** 바울은 황제의 판결을 받도록 자기를 지켜 주기를 호소하므로 내가 그를 가이사에게 보내기까지 지켜 두라 명하였노라 하니 **22** 아그립바가 베스도에게 이르되 나도 이 사람의 말을 듣고자 하노라 베스도가 이르되 내일 들으시리이다 하더라 (행 25:13-22)

## 이 년의 시간이 흘러가다

사도행전 25장은 '베스도가 부임한 지 삼 일 후에'라는 말로 시작합니다. 이때까지 총독은 벨릭스였습니다.

> 이태가 지난 후 보르기오 베스도가 벨릭스의 소임을 이어받으니 벨릭스가 유대인의 마음을 얻고자 하여 바울을 구류하여 두니라 (행 24:27)

바울이 전도 여행을 마치고 예루살렘으로 돌아왔을 때 유대인들이 그를 죽이려는 소동을 일으킵니다. 천부장이 그 소란에서 바울을 구해 주기는 했지만, 그를 중대한 범죄자로 여겨 가두어 둡니다. 바울이 미결수 신분으로 감금된 채 두 해가 지납니다.

새로 부임한 베스도는 바울에게 예루살렘에 가서 자기 앞에서 심문을 받겠냐고 합니다. 이에 바울은 로마에 가서 가이사 앞에서 심문을 받겠다고 합니다. 베스도는 바울이 누구이며, 그의 죄목이 무엇인지 미리 조사해서 알아보았던 것 같습니다. 25장 18절을 보면, 그가 아그립바 왕에게 이야기한 대목에서 알 수 있습니다.

> 원고들이 서서 내가 짐작하던 것 같은 악행의 혐의는 하나도 제시하지 아니하고 오직 자기들의 종교와 또는 예수라 하는 이가 죽은 것을 살아 있다고 바울이 주장하는 그 일에 관한 문제로 고발하는 것뿐이라 (행 25:18-19)

25절에서도 베스도는 바울에 대하여 '내가 살피건대 죽일 죄를 범한 일이 없더이다'라고 이야기합니다. 이 일은 우리에게 많은 생각을 불러일으킵니다. 하나님의 특별한 소임을 받은 복음의 사자 바울이 무고한 죄인으로 구금되어 골방에 버려진 채 이 년이 흐릅니다. 바울은 아무것도 할 수 없는 상황에서 로마는 점점 강성해 가고 총독은 바뀝니다. 그 나라는 쇠퇴할 기미가 없고, 바울의 사건은 그들의 안중에도 없습니다. 그들은 바울을 '예수라 하는 사람이 죽었다가 살아났다고 주장하는 이' 정도로 칭하면서 하찮게 여깁니다.

주님의 지상 명령, 즉 '하늘과 땅의 모든 권세를 내게 주셨다. 그러므로 너희는 가서 모든 민족을 제자로 삼아라. 내가 세상 끝날까지 너희와 항상 함께 있으리라'라고 하신 우렁찬 약속과 선포는 다 어디로 갔습니까? 사도행전의 앞부분에 그러했듯이 성령이 오시고, 앉은뱅이가 일어나고, 예수께서 부활하신 증거가 어디서나 명백해야 하지 않습니까? 교회와 바울이 아무것도 아닌 것이 되는데도, 어떻게 세상은 전혀 영향을 받지도 않고 도리어 큰소리치고, 심지어 바울을 공격의 대상으로도 대접하지 않은 채 뒷방에 버려두는가 싶습니다. 그런데 신자의 인생이 이와 방불하다고 성경은 말합니다.

## 하나님이 준비하신 정황 속으로

> 우리는 그리스도 안에서 그의 은혜의 풍성함을 따라 그의 피로 말미암아 속량 곧 죄 사함을 받았느니라 이는 그가 모든 지혜와 총명을 우리에게 넘치게 하사 그 뜻의 비밀을 우리에게 알리신 것이요 그의 기뻐하심을 따라 그리스도 안에서 때가 찬 경륜을 위하여 예정하신 것이니 하늘에 있는 것이나 땅에 있는 것이 다 그리스도 안에서 통일되게 하려 하심이라 (엡 1:7-10)

하나님이 하늘과 땅에 있는 모든 것을 통일하시고 모든 존재의 운명을 손에 쥐고 계시는데, 어떻게 바울은, 교회는, 신자들의 현실은 아무런 관심의 대상이 되지 않을까요? 이것이 바로 사도행전이 증언하는 하나님이 일하시는 방식입니다. 우리는 주도권을 가지지 않습니다. 우리가 더 큰 세력이 되어 하나님의 약속 안에 세상을 다 담아내는 권세와 지위를 갖는 것이 아닙니다. 여전히 세상이 지위와 권세를 가지고 모두를 무릎 꿇게 합니다. 하나님은 우리로 그 속에서 피해 다니고 숨어 다니게 하는 식으로 일하십니다. 마태복음 6장에 나오는 이 말씀에서 알 수 있습니다.

> 공중의 새를 보라 심지도 않고 거두지도 않고 창고에 모아들이지도 아니하되 너희 하늘 아버지께서 기르시나니 너희는 이것들보다 귀하지 아니하냐 너희 중에 누가 염려함으로 그 키를 한 자라도 더할 수 있겠느냐 또 너희가 어찌 의복을 위하여 염려하느냐 들의 백합화가 어떻게 자라는가 생각하여 보라 수고도 아니하고 길쌈도 아니하느니라 그러나 내가 너희에게 말하노니 솔로몬의 모든 영광으로도 입은 것이 이 꽃 하나만 같지 못하였느니라 오늘 있다가 내일 아궁이에 던져지는 들풀도 하나님이 이렇게 입히시거든 하물며 너희일까보냐 믿음이 작은 자들아 그러므로 염려하여 이르기를 무엇을 먹을까 무엇을 마실까 무엇을 입을까 하지 말라 이는 다 이방인들이 구하는 것이라 너희 하늘 아버지께서 이 모든 것이 너희에게 있어야 할 줄을 아시느니라 (마 6:26-32)

우리는 그다음에 나온 33절 때문에 이 본문의 뜻을 종종 놓칩니다. "그런즉 너희는 먼저 그의 나라와 그의 의를 구하라 그리하면 이 모든 것을 너희에게 더하시리라." 그래서 우리는 하나님의 자녀로 믿음을 가지고 열심히 헌신합니다. 매일 성경 읽고 기도하고 전도하고 신실하게 삽니다.

하지만 마태복음 6장은 그보다 더 큰 이야기를 합니다. 우리에게 주어진 정황, 주어진 도전을 잊지 말라고 합니다. 이는 하나님이 거신 도전입니다. 공중의 새를 먹이시며 백합화를 자라게 하시고 오늘 있다가 내일 아궁이에 던져지는 들풀까지 입히시는 하나님이 정해 놓은 정황 말입니다. 하나님이 일하시는 콘텍스트 속에서 우리 인생을 바치라는 것입니다.

그러니 세상은 우리가 공격하고 항복시키고 무찔러야 하는 대상이 아닙니다. 유일한 주인이신 하나님이 준비해 두신 정황입니다. 그 속에 우리가 보냄을 받았으니, 정황을 바꾸는 것으로 답하지 마십시오. 대통령이 예수 믿고, 대법관이 예수 믿고, 국회의원들이 모여 기도하고, 학교에 가서 성경 읽고, 다툼이 있을 때 성경을 들이대면 상대가 항복하는 식으로 하나님은 일하지 않으십니다. 우리가 믿고 있는 텍스트가 콘텍스트가 되는 식으로 일하지 않으시기 때문입니다.

하나님은 '세상은 계속 죄를 지을 것이다. 자기들만이 전부라고 생각하는 오해와 무지 속에서 그들은 너희를 계속 반대할 것이다. 그 속에 내가 예수를 보냈듯이 너희를 보내노라.' 이렇게 이야기하십니다. 씨줄과 날줄 속에 묶여 있는 자리, 누구의 남편이고 누구의 아내이고 누구의 자식이고 누구의 부모이고 누구의 이웃인 자리, 도망갈 수 없는 그 자리가 하나님의 일하심의 손길과 섭리 안에 있음을 알고, 믿음으로 감수하라고 합니다. 주님이 그리하신 것처럼 우리도 인생이라는 구체적 정황 속에서 전도하는 산 제물로 삶을 살아 내야 합니다.

바울은 잡혀 있습니다. 잡혀서 기다립니다. 이태를 그렇게 있는데, 앞으로도 어떻게 될지 모릅니다. 이것이 신앙생활입니다. 대개 우리는 신앙이 좋으면 날아다니고 정복하고 크고 위대해

질 것으로 생각하지, 잡혀 있고 한계에 부딪히고 뒷방에 묻혀 지낼 거라고는 생각하지 않습니다. 그러나 하나님은 그렇게 일하신다고 합니다.

## 하나님의 위대함을 아는 삶

그런 차원에서 우리가 가장 먼저 알아야 할 것은 하나님의 위대함입니다. 우리의 소원보다 큰, 하나님의 거룩하심과 영광으로 부름받은 사실을 아는 자의 기쁨, 그것을 증거하며 사는 자의 자랑을 모르면 우리는 하루도 살 수 없습니다. 로마서 11장에서 바울은 이런 고백을 합니다.

> 깊도다 하나님의 지혜와 지식의 풍성함이여, 그의 판단은 헤아리지 못할 것이며 그의 길은 찾지 못할 것이로다 누가 주의 마음을 알았느냐 누가 그의 모사가 되었느냐 누가 주께 먼저 드려서 갚으심을 받겠느냐 (롬 11:33-35)

우리는 하나님에게 '하나님, 제가 이렇게 했으니 보상해 주십시오' 하고 구합니다. 이에 대해 바울은 뭐라고 합니까? 하나님의 생각은 우리의 생각보다 더 크시며 하나님은 우리의 기대보다 더 크게 일하고 계시다고 합니다. 그런 차원에서 성경이 가장 많이 요구하는 신앙생활의 규범은 순종입니다. 바울의 고백은 이렇게 이어집니다.

이는 만물이 주에게서 나오고 주로 말미암고 주에게로 돌아감이라 그에게 영광이 세세에 있을지어다 아멘 (롬 11:36)

'하나님이 일하고 계신다. 나는 잘 모르지만, 내 인생에서 무엇인가를 하신다. 이 나날들에 무의미한 시간은 없다. 아무것도 아닌 삼십 년, 아무것도 아닌 육십 년일 리 없다. 다 의미가 있다. 이유가 있다. 하나님이 큰일을 하고 계신다.' 바울은 이런 고백을 하고 있습니다.

이렇게 깨어 있는 정신으로 믿음을 가지고 하루하루 아슬아슬하게, 조마조마하게 비명을 삼키고, 분노를 삼키고 살아가십시오. 우리가 바울입니다. 복음을 품고 믿음을 품고, 하나님을 아는 자로 이름 없이 숨어 살아가는 것입니다.

누군가 우리를 보고 이렇게 말할 것입니다. "저 사람이 누구 아들이래." 여기서 '누구'는 세상이 모르는 이입니다. 나중에 알게 될 것입니다. "저 사람은 하나님의 아들이래." "저 사람은 하나님의 딸이래." 그런 인생을 사는 것입니다. 우리만이 하나님의 영광을 아는 넉넉함으로 살아갈 수 있습니다.

**질문하기**

**1.**

하나님의 일을 이룰 특별한 소임을 받은 바울이 구금되어 골방에 버려진 채로 시간이 얼마나 흘렀습니까?

**2.**

사도행전이 증언하는 하나님이 일하시는 방식은 무엇입니까?

**3.**

성경이 가장 많이 요구하는 신앙생활의 규범은 무엇입니까?

**나누기**

현재 가장 이해가 안 되고 견디기 힘든 현실의 문제가 무엇입니까? 각자 나누고, 서로를 향해 주님의 심정으로 격려와 소망의 말을 건네 봅시다.

# 10

믿음으로
현실을
가로지르다

**39** 날이 새매 어느 땅인지 알지 못하나 경사진 해안으로 된 항만이 눈에 띄거늘 배를 거기에 들여다 댈 수 있는가 의논한 후 **40** 닻을 끊어 바다에 버리는 동시에 키를 풀어 늦추고 돛을 달고 바람에 맞추어 해안을 향하여 들어가다가 **41** 두 물이 합하여 흐르는 곳을 만나 배를 걸매 이물은 부딪쳐 움직일 수 없이 붙고 고물은 큰 물결에 깨어져 가니 **42** 군인들은 죄수가 헤엄쳐서 도망할까 하여 그들을 죽이는 것이 좋다 하였으나 **43** 백부장이 바울을 구원하려 하여 그들의 뜻을 막고 헤엄칠 줄 아는 사람들을 명하여 물에 뛰어내려 먼저 육지에 나가게 하고 **44** 그 남은 사람들은 널조각 혹은 배 물건에 의지하여 나가게 하니 마침내 사람들이 다 상륙하여 구조되니라 (행 27:39-44)

## 선포는 삶이다

본문은 사도 바울이 로마로 압송되는 과정을 다룹니다. 바울은 가이사랴에서 배를 타고 구브로를 끼고 돌아서 가다가 맞바람을 만나 어려움을 겪습니다. 이어 유라굴라라는 광풍이 불자 배가 파선하여 멜리데라는 섬에 닿습니다. 별로 중요해 보이지 않는 이야기인데, 성경은 많은 분량을 할애해 기록해 두었습니다.

성경이 이런 기사를 싣는 이유를 26장과 연결해 읽어 보면, 자연스럽게 이해가 됩니다. 신앙은 설득이나 권력이나 감동이기 이전에 선포입니다. 선포란 고함 한번 지르고 정답 한번 이야기하고 마는 것이 아니라, 자기가 믿는다고 이야기한 것에 자기 인생을 맡기는 것을 말합니다.

예를 들면 결혼과 같습니다. 결혼식 때는 대개 이런 서약을 합니다. '나는 이 사람을 아내로 맞아 기쁠 때나 슬플 때나, 형통할 때나 고난이 닥칠 때나, 마음에 들 때나 들지 않을 때나 영원히 함께할 것을 서약합니다.' 그런데 서약으로 다 되는 것이 아닙니다. 서약은 선언일 뿐입니다. 살아야 합니다. 선포란 그런 것입니다.

세례도 마찬가지입니다. 세례는 '예수를 믿고 하나님의 백성이 된 것'을 선언하는 의식입니다. 이것은 어떤 형편에서나 살아 있는 한 예수 믿는 자로 살겠다는 선포입니다. 그러나 오늘날에는 세례가 형식적인 예식으로, 결심이나 진심처럼 모호하고 추상적인 언어로 그치고 맙니다. 믿는다고 고백하며 선포한 신앙에 실제로 자신을 맡기는 일은 보기가 힘듭니다.


## 모든 것을 맡길 수 있는가

빌립보서 2장은 우리가 우리의 생애를 통해 믿음을 선언한 대로 살아 낸다는 것이 무슨 뜻인지 설명합니다.

> 그러므로 그리스도 안에 무슨 권면이나 사랑의 무슨 위로나 성령의 무슨 교제나 긍휼이나 자비가 있거든 마음을 같이하여 같은 사랑을 가지고 뜻을 합하며 한마음을 품어 아무 일에든지 다툼이나 허영으로 하지 말고 오직 겸손한 마음으로 각각 자기보다 남을 낮게 여기고 각각 자기 일을 돌볼뿐더러 또한 각각 다른 사람들의 일을 돌보아 나의 기쁨을 충만하게 하라 너희 안에 이 마음을 품으라 곧 그리스도 예수의 마음이니 그는 근

본 하나님의 본체시나 하나님과 동등됨을 취할 것으로 여기지 아니하시고 오히려 자기를 비워 종의 형체를 가지사 사람들과 같이 되셨고 사람의 모양으로 나타나사 자기를 낮추시고 죽기까지 복종하셨으니 곧 십자가에 죽으심이라 (빌 2:1-8)

신앙의 유익이나 은혜를 나누고자 할 때 그리스도의 마음을 본받으라고 합니다. "너희 안에 이 마음을 품으라 곧 그리스도 예수의 마음이니." 여기서 마음은 '각오'라고 이해해야 합니다. '믿음의 유익을 나누고 싶은가? 그 은혜를 나누고 싶은가? 그러면 예수의 생애를 따라 살 것을 각오하라.' 이런 뜻입니다.

예수의 생애가 어떠했기에 바울은 이런 말을 했을까요? 그는 근본 하나님의 본체시나 하나님과 동등됨을 취할 것으로 여기지 아니하시고 오히려 자기를 비워 종의 형체를 가지셨습니다. 그래서 어떻게 됩니까? 사람들과 같이 되어 구체적으로 살아가셨습니다. 자기를 낮추시고 죽기까지 복종하셔서 십자가에서 죽으셨습니다.

신앙의 선포란 예수가 걸어간 그 길을 실제로 걷는 것입니다. 말로 때우지 않습니다. 하나님은 구름 위에 나타나서 영광된 모습으로 일갈하고 되돌아가지 않으셨습니다. 큰 소리로 회개를 촉구하지 않으셨습니다. 복음서가 그토록 강조했듯이, 우리를 위해 이 땅에 오셔서 죄인과 가난한 자의 친구가 되어 주시며 그늘진 땅에 찾아오셔서 우리를 만나 주셨습니다.

그렇게 구체적으로 살아야 합니다. 우리의 생애와 운명과 존재를 이 고백과 예수 안에 있는 하나님의 찾으심 속에 내어 맡기지 않는다면, 우리 자신도 우리의 신앙고백을 믿지 않는 것입니다. 거기에는 아무런 힘이 없습니다. 아무런 가치도 능력도 효과도 없습니다. 인생을 내어 맡기지 않으면서 믿는다고 하는 것은 거짓입니다. '어떤 마음을 가져야 하는가. 어떤 거룩한 이상을 가져야 하는가'와 같은 구호를 열심히 소리치는 것에 속지 마십시오. 우리의 모든 것을 맡길 수 있는가를 물어야 합니다. 빌립보서 1장을 살펴보겠습니다.

> 나의 간절한 기대와 소망을 따라 아무 일에든지 부끄러워하지 아니하고 지금도 전과 같이 온전히 담대하여 살든지 죽든지 내 몸에서 그리스도가 존귀하게 되게 하려 하나니 이는 내게 사는 것이 그리스도니 죽는 것도 유익함이라 (빌 1:20-21)

바울은 자신이 옥에 갇힘으로써 오히려 복음을 전하는 일에 진전이 있었다고 고백합니다. '아무 일에든지 부끄러워하지 아니'한다고 말한 것은, 지금 바울은 남들이 보기에 부끄럽게 여겨지는 현실에 처해 있다는 이야기입니다. 하나님의 종이 왜 그렇게 사느냐고 조롱받을 수 있는 처지에 있지만 부끄러워하지 않는다고 합니다. 살든지 죽든지 자기 몸에서 그리스도가 존귀하게 되기를 바라는 사람이기 때문입니다. '내 몸에서'라는 말을 기억하십시오. 추상적이지 않습니다. 소원과 이상과 명분이 아닙니다. 몸으로 사는 것입니다. 그래서 내게 사는 것이 그리스도니 죽는 것도 유익한 것입니다. 그의 고백은 이렇게 이어집니다.

그러나 만일 육신으로 사는 이것이 내 일의 열매일진대 무엇을 택해야 할는지 나는 알지 못하노라 내가 그 둘 사이에 끼었으니 차라리 세상을 떠나서 그리스도와 함께 있는 것이 훨씬 더 좋은 일이라 그렇게 하고 싶으나 내가 육신으로 있는 것이 너희를 위하여 더 유익하리라 (빌 1:22-24)

죽으면 고난이 끝나서 좋고 부름받아 주님 곁에 가니 좋습니다. 그렇지만 자기가 살아 있는 것이 사람들에게 유익하다고 합니다. 왜 유익할까요? 바울의 삶이 구체적 예가 되어 예수 믿는 일이 무엇인지 사람들에게 보여 줄 수 있기 때문입니다. 그러니 그가 살아 있는 동안은 그러한 설명이 계속 이어지는 셈입니다. '내가 너희를 위하여 이 고난의 삶을 더 살 마음이 있다. 이 선포를 구체화하기 위해서라면 내가 기꺼이 고난의 길을 택하겠다.'

인생을 건 것치고 신앙에 보상이 없다고 여겨져 불만스럽습니까? 내가 인생을 걸면 하나님이 어느 정도는 보상해 주셔야 하지 않는가 하는 불만 말입니다. 그래서 이렇게 푸념합니다. "평생 허리 한 번 못 펴고 끝나는 인생 같다."

그러나 만물의 찌꺼기 같은 길을 가는 동안, 예수를 믿는 것으로 자기가 선 자리에서 순종할 수 없다면 우리의 신앙고백은 사기입니다. '정치가 안정을 되찾고, 사회에 상식이 생기고, 경제가 부흥하고'라며 조건을 달면 그것은 사기입니다. 그렇게 되면 잘 살 것이고, 안 되면 못 살겠다고 하는 것은 신앙이 아닙니다.

## 현실을 가로지르며 가라

사람이 마땅히 우리를 그리스도의 일꾼이요 하나님의 비밀을
맡은 자로 여길지어다 그리고 맡은 자들에게 구할 것은 충성이
니라 너희에게나 다른 사람에게나 판단 받는 것이 내게는 매우
작은 일이라 나도 나를 판단하지 아니하노니 내가 자책할 아무
것도 깨닫지 못하나 이로 말미암아 의롭다 함을 얻지 못하노라
다만 나를 심판하실 이는 주시니라 그러므로 때가 이르기 전
곧 주께서 오시기까지 아무 것도 판단하지 말라 그가 어둠에
감추인 것들을 드러내고 마음의 뜻을 나타내시리니 그 때에 각
사람에게 하나님으로부터 칭찬이 있으리라 (고전 4:1-5)

맡은 자에게 구할 것은 충성이라고 하였습니다. 우리가 맡은 것
은 무엇입니까? 누구의 남편이고, 누구의 아내이고, 누구의 부
모이고, 누구의 자식인 구체적이고 현실적인 자리입니다. 이 나
라에 살고, 이 시대에 살고, 이 환경 속에서 사는 삶, 우리가 지긋
지긋해하는 각자의 실존 말입니다. 이 자리가 우리에게 맡겨졌
습니다. 거기에 충성하십시오. 예수 믿는 사람으로 그 인생을 사
십시오. 한숨을 지으며 기도하고, 응답 없는 기도를 포기하지 말
고, 하나님에게 책임 돌리지 말고, 이웃과 사회에 분노하지 말
고, 우리에게 주어진 자리를 지켜 내십시오. 그것이 충성입니다.
　당시 고린도 교회의 어떤 이들은 바울에게 '네가 신의 사자가
맞긴 한 거냐? 네가 유일한 신의 사자라면 꼴이 그게 뭐냐?'라
며 도전했습니다. 바울의 답은 이것입니다. '나도 나를 판단하지

않는다. 내가 맡은 것은 충성이다. 하나님의 일하심에 대해 나도 다 알지 못한다. 하나님이 나를 사용하셔서 장차 무엇을 만들어 내실지 모르지만, 나는 그 비밀과 능력을 십자가에서 보았다. 그러니 나는 그분이 가라 하시는 그 길을 갈 뿐이다.' 그 길을 어떻게 갑니까? 세상의 더러운 것과 만물의 찌꺼기 같은 존재가 되어서 갑니다.

믿음이 좋고 담력이 세면 물론 더 좋을 것입니다. 그러나 믿음은 변명하라고 준 것이 아닙니다. 모든 현실을 가로지르라고 준 것입니다. 그러니 가십시오. 삐뚤삐뚤 비틀거리며 가십시오. 비명 지르면서 가십시오. 울면서 가십시오. 그래도 가야 합니다. 살아야 합니다. 예수를 믿는 자로 존재하는 그 모든 경우, 그 모든 지위, 그 모든 형편이 하나님의 손길임을 기억하십시오. 어느 날 주의 부활이 가진 영광과 능력을 확인하게 되는 날이 올 것입니다. 그것이 바울 서신에서 드러나는 바울의 길입니다. 그리고 우리의 영광된 현실입니다. 누가 더 억울할 것도, 누가 더 나을 것도 없습니다. 성경에 기록된 대로 하나님의 일하심이 우리 모든 생애와 존재 속에 있음을 기억하는 우리의 신앙고백이 되게 하십시오.

## 질문하기

**1.**

'신앙은 선포다'라는 말은 무슨 의미입니까?

**2.**

우리가 우리의 믿음을 선언한 대로 살아 낸다는 것은 무슨 뜻입니까?

**3.**

맡은 자에게 구할 것은 충성이라고 했습니다. 무엇이 충성입니까?

## 나누기

현실의 위기를 자기변명이나 타인을 향한 분노로 회피하지 않고 몸으로 가로지르며 참된 신앙의 행보를 보인 사람을 본 적이 있다면 함께 나누어 봅시다.

**11**

위대한 것은
복음이다

**16** 우리가 로마에 들어가니 바울에게는 자기를 지키는 한 군인과 함께 따로 있게 허락하더라 **17** 사흘 후에 바울이 유대인 중 높은 사람들을 청하여 그들이 모인 후에 이르되 여러분 형제들아 내가 이스라엘 백성이나 우리 조상의 관습을 배척한 일이 없는데 예루살렘에서 로마인의 손에 죄수로 내준 바 되었으니 **18** 로마인은 나를 심문하여 죽일 죄목이 없으므로 석방하려 하였으나 **19** 유대인들이 반대하기로 내가 마지 못하여 가이사에게 상소함이요 내 민족을 고발하려는 것이 아니니라 **20** 이러므로 너희를 보고 함께 이야기하려고 청하였으니 이스라엘의 소망으로 말미암아 내가 이 쇠사슬에 매인 바 되었노라 **21** 그들이 이르되 우리가 유대에서 네게 대한 편지도 받은 일이 없고 또 형제 중 누가 와서 네게 대하여 좋지 못한 것을 전하든지 이야기한 일도 없느니라 **22** 이에 우리가 너의 사상이 어떠한가 듣고자 하니 이 파에 대하여는 어디서든지 반대를 받는 줄 알기 때문이라 하더라 (행 28:16-22)

## 죽은 자 가운데서

사도행전은 로마에 간 바울이 셋방에 머물면서 이태 동안 하나님의 말씀을 전했다는 보고로 끝납니다. 우리가 기대하는 화려한 결말하고는 거리가 있어 보입니다.

사도행전이 기록한 바울의 행적을 보면, 그가 기독교 신앙을 자기 성취의 요건으로 삼지 않았다는 것을 알 수 있습니다. 그는 예수를 믿어서 행복해진다거나 문제가 해결된다거나 하는 것에 전혀 관심이 없습니다. 도리어 그는 예수를 만나 문제가 생깁니다.

교회에서는 예수를 믿으면 모든 문제가 해결된다고 말하지만, 여기서 말하는 '모든 문제'는 궁극적 운명에 관한 것입니다. 성경에는 고단한 현실에 대한 편안한 해답이 제시되어 있지 않습니다. 빌립보서 3장을 보면, 사도 바울은 신앙과 현실에 대해 이렇게 이해하고 있습니다.

> 내가 그리스도와 그 부활의 권능과 그 고난에 참여함을 알고자
> 하여 그의 죽으심을 본받아 어떻게 해서든지 죽은 자 가운데서
> 부활에 이르려 하노니 (빌 3:10–11)

'죽은 자 가운데서'가 현실입니다. 거기가 믿음의 시작이며 믿음
의 여정이 계속 펼쳐지는 곳입니다. 궁극적으로 부활의 자리에
갈 것이지만, 그것은 우리 인생이 끝난 다음이나 주님이 다시 오
시는 종말에 실현될 것입니다. 사도 바울이 이해한 복음과 신앙
은 예수께서 가지셨던 것과 같습니다.
  누가복음 24장에 가면, 부활하신 예수님이 엠마오로 가는 제
자들을 만나시는 장면이 나옵니다. 제자들은 주님을 알아보지
못한 채 주님에 대해 이렇게 말합니다.

> 우리는 이 사람이 이스라엘을 속량할 자라고 바랐노라 (눅 24:21 상)

그들은 예수를 해방자, 구원자라고 생각했습니다.

> 이뿐 아니라 이 일이 일어난 지가 사흘째요 또한 우리 중에 어
> 떤 여자들이 우리로 놀라게 하였으니 이는 그들이 새벽에 무덤
> 에 갔다가 그의 시체는 보지 못하고 와서 그가 살아나셨다 하
> 는 천사들의 나타남을 보았다 함이라 또 우리와 함께 한 자 중
> 에 두어 사람이 무덤에 가 과연 여자들이 말한 바와 같음을 보

았으나 예수는 보지 못하였느니라 하거늘 (눅 24:21 하-24)

살아나셨다는 이야기는 들었는데, 직접 보지는 못했다고 이야기합니다. 그러자 주님이 이렇게 말씀하십니다.

이르시되 미련하고 선지자들이 말한 모든 것을 마음에 더디 믿는 자들이여 그리스도가 이런 고난을 받고 자기의 영광에 들어가야 할 것이 아니냐 하시고 이에 모세와 모든 선지자의 글로 시작하여 모든 성경에 쓴 바 자기에 관한 것을 자세히 설명하시니라 (눅 24:25-27)

그리스도가 고난을 받고 영광의 자리에 들어가야 한다고 주께서 말씀하십니다. 고난은 예수님에게도 필수였던 것입니다.

## 하나님을 거역하는 권세 속에서

실제로 메시아에 관한 성경의 예언을 보면, 메시아를 고난의 종으로 그립니다. 대표적인 말씀이 이사야 53장입니다.

그가 곤욕을 당하여 괴로울 때에도 그의 입을 열지 아니하였음이여 마치 도수장으로 끌려 가는 어린 양과 털 깎는 자 앞에서 잠잠한 양 같이 그의 입을 열지 아니하였도다 그는 곤욕과 심문을 당하고 끌려 갔으나 그 세대 중에 누가 생각하기를 그가

살아 있는 자들의 땅에서 끊어짐은 마땅히 형벌 받을 내 백성의 허물 때문이라 하였으리요 (사 53:7-8)

그가 우리 죄를 대신하셨다는 중요한 사실을 말합니다. 그런데 그 점 때문에 다른 중요한 내용이 외면되곤 합니다. 그것은 바로 그가 이 대속을 위하여 곤욕과 심문을 당하셨다는 것입니다. 도대체 어떤 세력과 권세가 하나님의 아들을 끌어가고 심문하고 처형할 수 있단 말입니까?

어느 시대나 죄인인 인간이 가진 공통된 특징은 하나님 없이 살자는 욕망과 소원을 가진다는 점입니다. 이런 생각을 가진 세상에서는 예수를 믿는 것이 인간의 참된 권리와 명예를 외면하는 것으로 치부되곤 합니다. 그래서 고난이 있습니다. 예수께서 오셨으나 세상은 그들이 가진 힘으로 예수를 거부하고 배척하고 억압했습니다. 결국 그들은 예수를 죽였습니다. 시편 2편은 메시아의 고난이 세상이 가진 힘에 의한 고난이라고 표현합니다.

어찌하여 이방 나라들이 분노하며 민족들이 헛된 일을 꾸미는가 세상의 군왕들이 나서며 관원들이 서로 꾀하여 여호와와 그의 기름 부음 받은 자를 대적하며 우리가 그들의 맨 것을 끊고 그의 결박을 벗어 버리자 하는도다 (시 2:1-3)

세상은 하나님의 뜻과 하나님의 권세에 정면으로 대항합니다. 그들은 하나님의 일하심, 하나님의 영광, 우리를 향한 하나님의 뜻, 이런 것에 관심이 없습니다. 역사는 자기 욕심에 휘둘린 채 죄악 된 인생길을 걷는 세상의 불순종과 무지와 포악으로 얼룩 져 있습니다.

그래서 예수께서 공생애를 시작하실 때에, 맨 처음 해야 했던 일은 하나님을 거역하는 권세 속에서 하나님의 뜻을 이루어야 하는 당신의 사역, 신분, 자리, 책임을 공포하는 것이었습니다. 디모데후서 말씀을 보겠습니다.

> 하나님이 우리에게 주신 것은 두려워하는 마음이 아니요 오직 능력과 사랑과 절제하는 마음이니 그러므로 너는 내가 우리 주 를 증언함과 또는 주를 위하여 갇힌 자 된 나를 부끄러워하지 말고 오직 하나님의 능력을 따라 복음과 함께 고난을 받으라 하 나님이 우리를 구원하사 거룩하신 소명으로 부르심은 우리의 행위대로 하심이 아니요 오직 자기의 뜻과 영원 전부터 그리스 도 예수 안에서 우리에게 주신 은혜대로 하심이라 (딤후 1:7-9)

'복음과 함께 고난을 받으라.' 죽음을 앞둔 바울이 자신의 영적 아들인 디모데에게 유언처럼 한 권면입니다. 사도 바울의 죽음 은 성경에 기록되어 있지 않습니다. 왜 그렇습니까? 복음은 바 울에 의하여 완성되거나 바울로 인하여 좌우되는 것이 아니기 때문입니다. 바울은 다만 복음을 담은 하나의 그릇에 불과합니 다. 중요한 것은 복음입니다.

복음은 예수 그리스도의 고난과 순종과 승리입니다. 하나님 이 그렇게 일하고 계십니다. 바울이 있어야 이루어지는 일이 아니고, 바울이 없다고 손해 보는 일이 아닙니다. 그것은 처음부터 끝까지 예수 안에서만 시작되고 완성되는 일입니다. 바울이 아니면 다른 누구를 통하여 이루어졌을 것입니다. 바울이 아니더라도 누군가를 통하여 전파되었을 그 일들에 바울이 열매가 되고 수단이 된 것입니다. 우리 인생도 마찬가지입니다. 그러니 우리 인생을 가볍게 여기면 안 됩니다.

'그러므로 너는 내가 우리 주를 증언함과 또는 주를 위하여 간힌 자 된 나를 부끄러워하지 말고'(딤후 1:8 상). 혹시 예수를 믿는다고 말하는 것이 자신의 부족함 때문에 부끄럽게 여겨집니까? 성경은 이렇게 이야기합니다. '너 같은 사람 있어도 그만, 없어도 그만이다. 하지만 네가 복음을 이해하고 붙들고 사는 만큼 네게 복이다. 네 인생이 무엇 때문에 가치 있는지 제대로 알기 바란다.' 이것을 깨달을 때까지 하나님이 그러니 기다리고, 기다리고, 기다리십니다.

## 질그릇에 담긴 영광

앞서 인용한 디모데후서 1장에서 바울은 자신의 능력이나 충성이나 그 어떤 덕목도 복음이 이루어지는 데 조건이 될 수 없다고 합니다. 중요한 것은 그의 인생에 복음이 담겨 있다는 사실입니다. 고린도후서에서는 그것을 '질그릇에 담긴 보배'라고 표현했습니다.

우리가 이 보배를 질그릇에 가졌으니 이는 심히 큰 능력은 하나님께 있고 우리에게 있지 아니함을 알게 하려 함이라 (고후 4:7)

제가 어렸을 때는 소고기가 제일 귀한 선물이었습니다. 그런데 그것을 신문지로 돌돌 싸서 가져왔습니다. 그러면 피가 신문지에 벌겋게 배어 나왔습니다. 복음을 질그릇에 가졌다는 것은 바로 그런 것입니다.

하나님의 일하심으로 복음이 나한테까지 와서 내 입술의 고백을 만들어 내셨다는 사실을 기억하고 담대히 사십시오. 할 수 있는 만큼 하십시오. 우리가 꼭 화려하게 빛나야만 하는 것이 아닙니다. 매 주일 교회에 와서 신문지에 페인트칠하는 식으로 신앙생활 하지 마십시오. 무엇을 가졌든지, 무엇을 하든지 간에 두려움과 부끄러움을 벗고 하나님의 일하심의 신비와 능력과 기적을 기억하십시오. 당시에 예수 그리스도를 알아보는 이는 아무도 없었습니다. 그는 다만 죄인이었고 잘못을 범해서 십자가에서 무력하게 죽어 가는 이에 불과했습니다. 거기에 하나님의 능력이 담깁니다. 우리 인생도 마찬가지입니다.

그러니 이 나라, 이 땅, 이 시대, 이 민족 이런 것들을 신앙에 갖다 붙이지 말고, 자신부터 잘 사십시오. 체념하지 말고, 포기하지 말고, 잘난 것으로 확인하려 하지 말고, 아무것도 아닌 인생 같더라도 그것이 위대한 신앙의 길인 줄 알고 잘 살아가십시오.

## 질문하기

**1.**

빌립보서 3장 10절부터 11절에서 믿음의 시작과 여정은 어떤 말로 표현되어 있습니까?

**2.**

예수께서 오셨을 때 세상은 어떻게 반응했습니까?

**3.**

바울의 죽음이 성경에 기록되어 있지 않은 이유는 무엇입니까?

## 나누기

우리가 흔히 내세우는 질그릇의 조건에는 어떤 것들이 있습니까? 질그릇이 아니라 그 안에 담긴 복음에 초점을 맞추는 삶이란 어떤 것일까요?

# 질문과 답

## 01 시작이 있고 끝이 있다

**1.** 아덴 사람들을 보고 북받친 바울의 격분에 대해 설명해 봅시다.

하나님을 몰라 불안, 걱정, 무지에 속수무책인 그들의 모습을 보며 같은 인간으로서 갖게 된 분노입니다. (11쪽)

**2.** 성경은 역사에 대해 무엇이라고 이야기합니까?

역사는 인격자이신 하나님에 의해 계획되고 진행되며 완성된다고 합니다. (12쪽)

**3.** 종말은 어떤 날입니까?

세상이 끝나는 날이 아니라, 하나님이 당신의 뜻을 완성하시는 날. (14쪽)


## 02 고난은 필수다

**1.** 이 세상이 가진 자연주의 세계관에 대해 기독교는 무엇이라고 도전합니까?

'인생은 헛되이 공전하지 않고 끝이 있다. 세계에는 시작이 있고 완성이 있고, 출발이 있고 목적지가 있다'라고 도전합니다. (22쪽)

**2.** 죽어서 천국 가는 것만 강조하는 신앙 체계에서는 어떤 부분
에 대한 이해가 부족합니까?

> 내세를 준비하는 것 외에 지금 어떻게 살아야 하는가에 대해
> 답이 되지 못합니다. (24쪽)

**3.** 우리에게 요구되는 고난은 어떤 것입니까?

> 예수께서 부활로 역전을 이루시기 전에, 그 앞에 육체로 오신
> 예수의 고난입니다. (26쪽)


## 03 하나님의 방식을 따라간다

**1.** 사탄은 예수님더러 자기에게 절하라고 함으로써 어떤 주장을
하는 것입니까?

> 자기가 정황을 쥐고 있고 그래서 자기가 본문이라고 주장합니
> 다. (33쪽)

**2.** 죄란 무엇입니까?

> 예수님이 본문인데, 정황을 본문이라고 믿는 것입니다. (34쪽)

**3. 정황을 바꾸면 모든 문제가 해결될 것이라고 부추기는 것을 무엇이라고 합니까?**

시험이라고 합니다. (35쪽)

## 04 하나님이 시련을 주신다

**1. 바울은 아직 어린 에베소 교회를 두고 떠납니다. 이렇게 하여 드러나는 교훈은 무엇입니까?**

하나님의 뜻을 따르기만 하면 편한 길, 좋은 길로 인도될 것이라는 기대를 버려야 한다는 것입니다. (43쪽)

**2. 현실을 피해 도망간 자가 되지 않으려면 어떻게 해야 합니까?**

삶이 던지는 도전, 위협, 시험, 한계 속에서 우리가 가진 것으로 그 모든 것을 극복하고 답하고 살아 내야 합니다. (45쪽)

**3. 우리가 신자로서 이중적인 존재로 산다는 것은 무엇을 뜻합니까?**

거꾸러뜨림을 당해도 망하지 않고, 박해를 받아도 버린 바 되지 않고, 죽음을 짊어지고 있어도 예수의 생명이 우리 몸에 나타나고, 죽음에 넘겨지나 예수의 생명이 그 죽을 육체에 나타나는 존재로 사는 것입니다. (48쪽)

## 05 삶에서 하나님이 드러난다

**1.** 아시아에서 온 유대인들이 바울에게 분노한 이유는 무엇입니까?

바울이 전한 복음 때문에 하나님의 선민이라는 의식이 무가치해진 것. (53쪽)

**2.** 예수로 말미암아 하나님은 당신을 어떤 분으로 증명하셨습니까?

하나님은 용서하는 분이라고 증명하셨습니다. (54쪽)

**3.** 유대인들이 그들의 특권을 지키기 위하여 하는 행동과 바울이 복음을 전하기 위하여 가지는 태도는 서로 어떻게 대조됩니까?

유대인들은 보상을 받으려 하고, 바울은 은혜가 필요함을 압니다. (56쪽)

## 06 하나님이 불러 보내셨다

**1.** 하나님이 자신을 이방으로 보내셨다는 바울의 주장에 대해 유대인들이 분노한 이유는 무엇입니까?

자기들과 같은 전통과 정체성과 정서와 신앙을 가진 바울이 그 모든 것을 가지고도 그리스도께 돌아섰다는 것은 곧 자신들이 틀렸다는 말이기 때문입니다. (63쪽)

**2.** 바울이 유대인들에게 붙잡히고 오해받고 수모 당하는 것을 당연하게 여긴 이유는 무엇입니까?

설명한다고 알 수 있는 일이 아니며 사람들이 이해할 수 없는 길을 가는 중이기 때문입니다. (65쪽)

**3.** 바울이 아니라 바울이 들고 가는 복음이 위대한 이유는 무엇입니까?

복음은 개인의 헌신이나 능력에 근거하지 않고 전적으로 하나님의 신실하심에 근거하기 때문입니다. (67쪽)

## 07 위대한 복음의 길을 걷는다

**1.** 적개심 가득한 유대인의 위협 앞에 바울은 어떻게 반응하였습니까?

힘으로 대응하려 들지 않고, 다만 감수합니다. (72쪽)

**2.** "누구든지 주의 이름을 부르는 자는 구원을 받으리라"라는 구절에서 '부르는' 것은 어떤 조건을 의미합니까?

도와 달라는 비명으로 충분하다는 뜻입니다. (74쪽)

**3.** 메시아가 오셔서 이루실 구원이 이방에 베풀어졌습니다. 이방은 어떤 자들을 대표합니까?

조건이 없는 자들. (75쪽)

## 08 하나님은 끝없이 기다리신다

**1.** 벨릭스 총독 앞에서 바울은 자신이 무엇 때문에 반대를 받고 어려움을 겪고 있다고 말합니까?

'부활이 있으리라'라는 말 때문에. (83쪽)

**2.** 에베소서 1장 3절부터 10절까지의 말씀을 보면, 구원은 하나님이 주시며 예수 그리스도로 말미암아 이루어짐을 알 수 있습니다. 더불어 중요한 세 번째 주제는 무엇입니까?

시간입니다. (85쪽)

**3.** 바울은 언제까지 죽을 수도 없습니까?

로마에 갈 때까지. (88쪽)

## 09 무의미한 시간은 없다

**1.** 하나님의 일을 이룰 특별한 소임을 받은 바울이 구금되어 골방에 버려진 채로 시간이 얼마나 흘렀습니까?

두 해가 지납니다. (92쪽)

**2.** 사도행전이 증언하는 하나님이 일하시는 방식은 무엇입니까?

신자인 우리가 주도권을 가지지 않는 것입니다. (94쪽)

**3.** 성경이 가장 많이 요구하는 신앙생활의 규범은 무엇입니까?

순종입니다. (97쪽)

## 10 믿음으로 현실을 가로지르다

**1.** '신앙은 선포다'라는 말은 무슨 의미입니까?

자기가 믿는다고 이야기한 것에 자기 인생을 맡기는 것입니다. (102쪽)

**2.** 우리가 우리의 믿음을 선언한 대로 살아 낸다는 것은 무슨 뜻입니까?

예수의 생애를 따라 살 것을 각오하는 것입니다. (104쪽)

**3.** 맡은 자에게 구할 것은 충성이라고 했습니다. 무엇이 충성입니까?

각자에게 주어진 자리를 지켜 내는 것입니다. (107쪽)


## 11 위대한 것은 복음이다

**1.** 빌립보서 3장 10절부터 11절에서 믿음의 시작과 여정은 어떤 말로 표현되어 있습니까?

'죽은 자 가운데서'라는 말로 표현되어 있습니다. (113쪽)

**2. 예수께서 오셨을 때 세상은 어떻게 반응했습니까?**

세상은 그들이 가진 힘으로 예수를 거부하고 배척하고 억압했습니다. (115쪽)

**3. 바울의 죽음이 성경에 기록되어 있지 않은 이유는 무엇입니까?**

복음이 바울에 의하여 완성되거나 바울로 인하여 좌우되는 것이 아니며, 그는 다만 복음을 담은 하나의 그릇에 불과하기 때문입니다. (116쪽)